AVALIAÇÃO

Contributos para a Reformulação

CONSELHO NACIONAL DE AVALIÇÃO DO ENSINO SUPERIOR

AVALIAÇÃO

Contributos para a Reformulação

AVALIAÇÃO – CONTRIBUTOS PARA A REFORMULAÇÃO

EDITOR
EDIÇÕES ALMEDINA, SA
Rua da Estrela, n.º 6
3000-161 Coimbra
Tel.: 239 851 904
Fax: 239 851 901
www.almedina.net
editora@almedina.net

EXECUÇÃO GRÁFICA
G.C. – GRÁFICA DE COIMBRA, LDA.
Palheira – Assafarge
3001-453 Coimbra
producao@graficadecoimbra.pt

Janeiro, 2006

DEPÓSITO LEGAL
237455/06

Os dados e as opiniões inseridos na presente publicação
são da exclusiva responsabilidade dos seus autores.

NOTA PRÉVIA

Este volume reúne algumas peças básicas disponíveis respeitantes à avaliação, designadamente o Relatório do Segundo Ciclo do processo de avaliação do ensino superior universitário conduzido pelos Conselhos de Avaliação da FUP e da APESP, sob coordenação do CNAVES.

Tendo em conta que o Ciclo de avaliação relativo ao ensino superior politécnico ainda não terminou, os respectivos Conselhos de Avaliação apenas submetem, neste momento, à aberta apreciação pública, uma reflexão sobre o processo de avaliação, em que salientam os pontos fortes e os pontos fracos detectados.

Publicam-se ainda os comentários elaborados pelas instituições de ensino superior militar que participaram na fase do processo de avaliação agora concluída.

Os textos que ora se publicam constituem uma contribuição para o levantamento do estado actual da avaliação dos cursos ministrados no ensino superior em Portugal, ao mesmo tempo que representam um contributo para a reformulação do sistema nacional de avaliação a partir da doutrina estabelecida pela legislação vigente e respondendo aos critérios e regras da avaliação anunciados pela tutela.

PREFÁCIO

A AUTONOMIA DO SISTEMA PORTUGUÊS

1 – O tema da *autonomia*, muito frequentemente limitado à questão da *autonomia da escola*, talvez ganhe em compreensão e clareza no caso de aceitarem duas referências. A primeira é relacionar a *autonomia da escola* com o conceito de *instituição*, implicando corolários irrecusáveis no que toca à definição do seu conceito estratégico, à composição, formação, e estabilidade do corpo docente, mais orientado por uma *formação liberal* no sentido de Newman, ou já mais orientado para a *empregabilidade* do projecto da sociedade da informação e do saber.

De qualquer modo, a visão sistémica implica que o paradigma de Bolonha, que hoje domina a prospectiva europeia, tenha em vista a articulação de todos os patamares do ensino, tendo em conta que a Universidade está no centro do sistema e ela própria obrigada a repensar a sua autonomia. Acontece porém que as interdependências europeia, transatlântica, e mundial, colocam uma questão precisa, que é a da autonomia do sistema português, e por isso é sobre estes dois elementos que tentarei comentar.

2 – O princípio constitucional da autonomia do ensino universitário, abrangendo na expressão todos os subsistemas, tem diversificações que correspondem à natureza também diversificada de cada um dos componentes da *rede nacional*: tendo por pacífico que a linha essencial de referência teve em vista a *rede pública*, o Estado será obediente ao imperativo absoluto constitucional, as Igrejas obedientes a preceitos que modelam a sua intervenção com especificidades que preenchem os espaços livres dos imperativos constitucionais, as instituições privadas exercendo a liberdade de ensinar referindo-se a concepções diferenciadas do mundo e da vida, com uma intervenção regulada pelos códigos que têm em vista uma *população solvente*, com uma autoridade empresarial gestora.

O subsistema público, que é civil e militar, ordena este último em função da cadeia de comando; o ensino católico tem a figura cimeira do Chanceler; a rede privada encontra o seu regime de autoridade nos códigos que regem a sociedade civil.

Tal variedade torna difícil definir o núcleo duro da autonomia, que porventura deveria estar presente em todas as modalidades, sendo talvez ousado apontar três referências essenciais: 1) é a própria instituição que organiza o seu estatuto e regime interno, incluindo a definição da autoridade reitora; 2) tem limitado controlo externo do Estado, e portanto, derivadamente, da Igreja, ou dos instituidores privados; 3) finalmente, seguindo os institucionalistas, tem uma ideia de obra ou de empresa, hoje mais designada por conceito estratégico, que lhe dá carácter para além das mudanças.

A legislação vigente para a rede pública vai no sentido de aceitar *o valor institucional*, a *faculdade estatutária* foi reconhecida na revisão constitucional de 1989, a *autonomia regulamentar* e a *autonomia científica e pedagógica* acompanham aquela.

O descuido regulador que se verificou no que toca a esta questão, não responde ao permanente apelo às instituições universitárias, sobretudo em épocas de mudança, como sede de valores, de investigação, de prospectiva, apoiantes da reformulação do projecto e do enquadramento da sociedade civil e do Estado.

Partindo do sentido da autonomia no que respeita ao Estado, tem interesse sublinhar, porque tem reflexos na área da autonomia universitária, que o tema reveste uma componente do poder, no sentido de medir a dimensão da sua capacidade de formular os modelos de vida interna, e uma componente de autoridade que se traduz no reconhecimento, feito pelos outros Estados, de que lhe compete legitimamente governar um território e um povo sem interferências externas. Acontece que ambas as dimensões podem ser limitadas, quer por resistências internas, quer por constrangimentos externos, no primeiro caso designadamente por regionalizações, no segundo caso por subordinações do tipo dos protectorados, dos mandatos, das satelizações, e dependências sistémicas.

E por isso o recurso ao conceito de *independência* é necessário para sublinhar o grau supremo de autonomia, que traduz a capacidade de agir sem dependência económica, política ou militar, de qualquer outro poder, o que, no mundo de interdependências crescentes e globalizadas em que vivemos, significa que a independência também é graduável. Mas é com

Prefácio – A autonomia do sistema português 11

estes dois conceitos, autonomia e independência, e com a sua relação, que temos de lidar.

Transpondo a questão para as instituições internas, também os dois conceitos são instrumentais, sendo evidente que a moldura abrangente do Estado torna inevitável que a autonomia tenha sempre uma faceta de submissão à soberania que torna variável a medida da independência, uma relação que tem de ser equilibrada para que as Universidades respondam capazmente aos tradicionais apelos para enfrentar as crises.

Pela angustiante década de trinta do século passado, Ortega apelou à necessidade de a Universidade intervir "tratando os grandes temas do dia com o seu ponto de vista próprio – cultural, profissional, e científico". No fim da guerra mundial de 1914-1918, a Sociedade das Nações recebeu várias sugestões para criar uma universidade mundial, e após a II Guerra Mundial, depois de a ONU receber cerca de um milhar de sugestões no mesmo sentido, o Secretário-Geral U. Thant organizou a Universidade das Nações Unidas.

Na Europa, a *Declaração de Lisboa* (2000) que apela a uma *competitividade europeia* que supere os EUA, relacionada com a *Declaração de Bolonha* (1999) orientada para a criação de um *espaço europeu do saber*, também apela a um europeísmo universitário, em que a *rede* faz aproximar a resposta das motivações de U. Thant adaptadas às necessidades da União; tem um modelo observante orientador que é a *sociedade da informação e do saber* que foi enunciado por Jacques Delors; aponta para *quatro pilares* definidos no *Relatório da Comissão Internacional para a Educação no século XXI: learning to know; learning to do; learning to be; and learning to live together*. A UNESCO, por seu lado (*in The future of values*, 2004) aponta para que "a educação superior deve recuperar o seu *status* social e organizar-se com autonomia. Deveria recuperar a sua autoridade de voz, como produtora e doadora de educação e investigação, desempenhando o seu papel na educação ao longo da vida. As Universidades devem responder às mudanças radicais, que se verificam, pela adaptação de estruturas de ensino e reformulação das disciplinas académicas".

Esta visão globalista, ainda quando apoia o modelo da Universidade da ONU, é às *instituições que se dirige*, mas o processo político europeu, que tendeu sempre para adoptar *políticas furtivas*, isto é, com fraca ou inexistente participação dos Parlamentos nacionais e das opiniões públicas, tende para agir, em mais de um domínio, com critérios directivos dos Estados unitários.

A recordada relação entre a *Declaração de Lisboa* e a *Declaração de Bolonha*, que de facto conduz a política europeia para o modelo do Estado unitário, à margem e para além de qualquer constitucionalização, torna possível que o *ranking* das universidades europeias venha a ser uma imposição de *directivas*, e, nesse caso, o risco para as regiões periféricas é o de serem marginalizadas, e verem surgir no solo europeu novos Caminhos de Santiago para centros considerados monopolizadores das excelências. De fonte portuguesa há anúncio de que nenhuma universidade portuguesa estará nesta data num *ranking* europeu de cerca de duzentas, e de fonte asiática foi dito que apenas uma, a Universidade de Lisboa, estaria na cauda das melhores quatrocentas mundiais.

A batalha da qualidade é por isso inadiável, e a multiplicação de avaliações agora anunciadas, de vários modelos e sedes de proveniência, talvez aumente o conhecimento da realidade, talvez desperdice conhecimento nacional adquirido, mas certamente é um factor com influência no aproveitar do tempo que continuará a correr.

Conviria ainda não esquecer que o processo de Bolonha é apenas um processo de *europeização*, e que esta é uma parcela já não dominante da internacionalização. A internacionalização não pode ignorar a avaliação mundial difusa do sistema dos EUA, apoiada nos feitos americanos, consagrados pelos Prémios Nobel que acumula, e mantendo uma atracção poderosa no êxodo dos cérebros em todo o mundo: se as debilidades das periferias necessitam de ser assumidas em relação ao movimento de deslizamento para o centro que o processo furtivo europeu dinamiza, este *espaço europeu do conhecimento* não pode ignorar as suas próprias fragilidades em relação ao espaço atlântico. Como não podem ser desconhecidas as *megatrends* da Ásia, que está evidentemente a exercer a lei da reflexividade no domínio das realizações técnicas desafiadoras da supremacia ocidental.

Finalmente, há uma componente da internacionalização que diz respeito às áreas que foram parte do extinto império político euromundista, sector em que as antigas soberanias procuram guardar um espaço autónomo de intervenção. É assim que a França exercita um conceito exorbitante de francofonia, que a Inglaterra não descura a Comunidade, e que Portugal enunciou, mas fracamente desenvolveu, uma presença no espaço da CPLP, identificado pelo uso da língua portuguesa, ela própria um instrumento de preferência para a circulação de formandos que reconheçam a qualidade dos centros de investigação e ensino portugueses. As Universidades e Politécnicos já desenvolveram acções inspiradoras.

É necessário que os poderes convergentes na CPLP incluam na convergência a responsabilidade pela internacionalização do seu espaço de investigação e ensino.

Repetimos que uma possível deriva europeia não deve ser ignorada, e deve ser prevenida porque poderá estar em causa a substituição do acento tónico posto nas instituições, pelo deslizar do acento tónico para encarar a *rede* como *sistema*, para substituir a *contratualização* pela *directiva*, para eventuais fenómenos colaterais de marginalização das periferias.

Porque não podemos ignorar a função de instituidor e regulador do Estado no espaço português e europeu, também parece metodologicamente aconselhável considerar que o fenómeno da globalização afecta o paradigma da soberania, obrigando a modelos soberanos cooperativos, a modelos de soberanias funcionais, e também ao reconhecimento de limitações efectivas de soberania impostas pela hierarquização das potências, e pela deficiência das capacidades que integram o poder. Como variável transversal, a *teologia de mercado* invade também esse domínio da soberania, contamina os sistemas educativos, ameaça mercadorizar o ensino superior à luz dos critérios da Organização Mundial do Comércio.

Tentando racionalizar a questão, talvez seja oportuno insistir em que a tradicional relação da universidade com o poder instituidor, em regra o Estado, e também as Igrejas, se traduz em ser essa a fonte da sua *legitimidade de origem*.

A marcha para a autonomia, com acidentes marcados pelas históricas intervenções de *juízes de fora*, não se confunde porém com a *independência*: a autonomia foi ganha e estruturada com base na *legitimidade de exercício* reconhecida a partir dos serviços à comunidade; mas a dependência mantém-se a começar pelo financiamento, pelo enquadramento legislativo, pelas variações do poder político no que respeita à concepção interventora do Estado, e, também cada vez mais, pela variação da efectiva capacidade do Estado para responder às finalidades em que se baseou a invenção dessa criatura, neste caso abrindo espaço às agressões das políticas furtivas.

Toda esta problemática, apenas indicativa, exige respostas urgentes numa data em que a debilidade do Estado é patente, com os riscos inerentes, em que o pessimismo é induzido à opinião cívica, em que a alienação nos sistemas de comunicação é estrutural, em que, por isso, os apelos de Ortega e posteriores retomam uma actualidade gritante, requerendo a retoma de uma voz autónoma pelas Universidades, ainda que em difícil situação de carência.

A experiência do período que se iniciou com a adesão de Portugal às Comunidades Europeias, aponta pois para a necessidade de assumir algumas leituras, a começar pelo repúdio das análises derrotistas da maneira portuguesa de estar no mundo, e que parecem apostadas em fazer esquecer os centros de excelência de que dispomos, e afectar a capacidade cívica de reagir no sentido de ultrapassar as dificuldades. É justamente a existência desses *centros de excelência* que torna irrecusável assumir que a *batalha da qualidade, única fonte da legitimidade de exercício interno e externo, sendo esta a garantia da autonomia e do ganho de espaço às dependências, é a que está em curso, para além de todas as aparências, e não pode ser enfraquecida.*

Tem de reconhecer-se que a decisão, tomada pelo Conselho de Reitores, de iniciar aquilo que é hoje o Sistema Nacional de Avaliação, mostrou que a vontade de resposta existe, que a confiança na autenticidade de propósitos definiu a autoavaliação como elemento fundamental do sistema, tendo o CNAVES chegado à conclusão de que o ciclo a findar exige mudança de paradigma, mas não aconselha interrupção de um processo que tem de ser contínuo.

Posto isto, reconheça-se que a rede nacional cresceu com total falta de prospectiva a respeito da evolução a médio e longo prazo, com deficiente exercício da regulação, com ausência completa de regulamentação dos efeitos das avaliações.

Repetindo considerações antigas, a questão emergente é a de saber em que medida as instituições correspondentes ao conceito legal de ensino universitário ou de ensino superior, o que não muda os termos da pergunta, estão diversamente condicionadas pela origem, pela tutela, pelos recursos, pela definição organizacional, em termos de aquela liberdade fundamental de indagar, de formar, de recomeçar, ao serviço do objectivo essencial de uma busca desinteressada da verdade e de uma formação integral do homem, se pode manter íntegra.

O sector público tem uma experiência secular no sentido de reformular, quando necessário, a sede do poder e a teoria de gestão, sempre com atenção a um critério fundamental que é o da liberdade de eleger os seus órgãos de governo, começando naturalmente pelo reitor, sobrevivendo às crises.

Nessa experiência inclui por isso os períodos de ingerência dos juízes de fora em representação de um poder exterior político ou religioso, que reclamaram historicamente a dignidade da legitimação de origem da instituição universitária, travão frequente da legitimidade de exercício progressivamente afirmada pelas mesmas instituições, a legitimidade de exercício que é a dominante na sociedade de informação e do saber deste nosso tempo, e pela qual todos os subsistemas serão apreciados.

O critério da legitimidade de exercício, esse parece que deverá ser o mesmo para o sector público, para o sector concordatário, para o sector militar, para o sector privado, em relação à massa de estudantes que todos têm direito às garantias constitucionais que rodeiam o direito e a liberdade de aprender, e também em relação à sociedade que não dispensa os critérios de excelência.

A aleatória evolução da autonomia de cada um dos subsistemas não mostra que a mão invisível protectora das governações tenha ainda conseguido que o conceito nominal comum de autonomia tenha conteúdos substantivos fundamentais equivalentes para todos.

A racionalização da rede nacional é por isso uma exigência inadiável, tendo presente que o *processo da internacionalização é mais vasto do que a europeização*, e que a liberdade de assumir o *desafio atlântico* que, como dissemos, resulta dos feitos do *sistema americano* consagrado pela teoria dos Prémios Nobel recebidos, o todo igualmente desafiado pelas *megatrends* da Ásia, é uma liberdade que um sistema nacional deve preservar, demonstrando ter qualidade das instituições e capacidade para estar presente nessa rede, alargada e plural, directamente, com autonomia, e não por interposta entidade.

A preservação da autonomia da rede nacional parece ser função de se manter contratualizada a rede europeia, de acordo com o conceito inicial, impedindo que hierarquizações a caminho de serem apoiadas e consagradas por *directivas*, façam regressar novos Caminhos de Santiago, com deslizamentos criadores de marginalidades e exclusões.

A autonomia efectiva das instituições, que são o primeiro elo das redes, também depende, quanto aos constrangimentos externos, o que não pode ser esquecido, do grau de autonomia do Estado em relação aos condicionamentos sistémicos, esta autonomia tem evidente conexão com o deslizamento eventual para a categoria de Estado exíguo, tal deslizamento é influenciado por crises financeiras e crises da autoridade da governança interna, esta autoridade debilita-se pela erosão da sociedade de confiança. Entidades como a UNESCO, pondo ênfase no apelo ao ensino, repetidamente apontam para que a preparação para o exercício da cidadania responsável é por isso um alicerce insubstituível a cargo do ensino.

Esta virtude, do civismo activo, que também é das instituições, é aquela a que se dirigem os apelos à Universidade, que alguns ficaram recordados, e são recorrentes nas grandes crises. É dessa força interior que se espera a resposta impulsionadora da mudança. Com a esperança de que não surja o embaraço de que as contingências sistémicas, mal orientadas, substituam a contratualização dos procedimentos pela intervenção inspectiva, que a avaliação concreta da qualidade, com a intervenção directa dos pares, seja dispensada por auditorias externas, que a teologia de mercado traga a peste à investigação desinteressada, que o pluralismo seja constrangido pela recusa do confronto e coexistência das diversidades. Nesse caso, seria a própria criatividade, autonomia e independência do sistema que estaria global e irremediavelmente afectada.

3 – A distância frequente que vai dos princípios aos factos aconselha a também deixar alguns comentários apoiados na experiência. Em primeiro lugar, a relação que sustento entre o conceito de instituição e autonomia, implica, conclusão apoiada na mais autorizada doutrina institucionalista, que a autonomia legal tenha correspondência numa participação activa de todos os elementos do sistema, em todos os patamares do ensino. Esta participação corresponde a um desafio permanente, alimentado pelo tempo acelerado das mudanças sociais, e pela certeza de que, como lembrou Max Weber, todo o saber será contestado. Receio que em mais de um sector a resposta tenha sido dada em tempo demorado, nem sempre por responsabilidade exclusiva das instituições, também frequentemente pelo descaso do poder regulador, ou pela ligeireza da contradição entre os programas que acompanham as mudanças do poder político. Julgo que os responsáveis falam nesta hipótese da exigência de *pactos de regime*, mas com limitada prática.

Por outro lado, a *autonomia* não pode ser confundida com *autarcia*, levando à falta de relação que durante anos fez de cada subsistema um *modelo arquipelágico*. A evolução vai substituindo o *arquipelágico* pela *rede*, sobretudo dos subsistemas de ensino superior, mas receio que este movimento não seja muito visível na articulação vertical indispensável, partindo francamente de uma tomada de responsabilidade do subsistema do ensino superior pela falta de qualidade de que se queixa no que toca aos seus candidatos, isto pelo desempenho central que lhe pertence na formação dos quadros. Ainda, no que respeita ao financiamento da rede nacional, a admissão da regra do *orçamento participado* pela audição das entidades representativas dos subsistemas, está de acordo com a noção de que o Estado é um *distribuidor* e não um *doador* de recursos, e contribuiria para um sentimento consolidador da rede, e de responsabilidade partilhada. Uma responsabilidade que o poder regulador deveria exerci-

Prefácio – A autonomia do sistema português   17

tar sempre que é necessário enfrentar as evidências negativas da avaliação permanente, a qual foi um valor instalado na cultura portuguesa, mas parece ainda limitado por uma visão da internacionalização preocupante. Trata-se de por vezes parecer que se regressa ao conceito queiroziano de que a *Europa nos chega pelo comboio*, quando a internacionalização é um processo de participação igual dos vários sistemas nacionais, trocando experiências por intermédio de agentes igualmente qualificados.

No caso de se partir da convicção de que algum país não sustenta a igualdade no diálogo internacional da avaliação, a periferia está a caminho.

Não é de esperar que qualquer poder regulador europeu atento possa ceder às tendências furtivas da política europeia, ainda quando esta fala de *cooperações reforçadas* para não falar de *hegemonias*, aponta para colocar as *directivas* no lugar do *diálogo*, e os novos *Caminhos de Santiago* no lugar da rede dialogada, independente, servidora da sociedade da informação e do saber, mas também da sabedoria, isto é, reverenciando os valores sem submissão a nenhum poder directivo externo.

ADRIANO MOREIRA
Presidente do CNAVES

ENSINO SUPERIOR UNIVERSITÁRIO

FUP/APESP – Relatório Final

DEZ ANOS DE AVALIAÇÃO

SUMÁRIO

1. Introdução

2. Alguns marcos importantes

3. O Primeiro Ciclo

Considerações gerais

Aspectos merecedores de comentário especial

Os indicadores de qualidade

A passividade do Governo

A internacionalização

A participação da sociedade civil

A necessidade de um processo mais participado no seio das instituições

A questão dos recursos financeiros

A preparação técnica dos avaliadores

A concluir

4. Relatório do Segundo Ciclo de Avaliação

A transição do Primeiro para o Segundo Ciclo de Avaliação

Os cursos avaliados

As Comissões de Avaliação Externa (CAE)

A programação dos trabalhos

Os custos da Avaliação

Os resultados da Avaliação

Figuras e tabelas

Figuras

Figura 1   O Sistema de Avaliação do Ensino Superior Universitário

Figura 2   Número total de cursos avaliados

Figura 3   Número total de cursos avaliados em instituições públicas e privadas

Figura 4   Número de cursos avaliados por instituição pública

Figura 5   Número de cursos avaliados por instituição privada

Figura 6   Os trabalhos das CAE

Figura 7   Instituições de origem dos peritos académicos nacionais

Figura 8   Participação % relativa de avaliadores académicos nacionais, de individualidades exteriores à universidade e de estrangeiros

Tabelas

Tabela 1   Número total de cursos avaliados

Tabela 2   Número total de avaliadores envolvidos

Tabela 3   Custos da avaliação no segundo ciclo

Tabela 4   Níveis de classificação nos diferentes campos de avaliação

Anexos

Anexo A

Tabelas A1 – Número de cursos avaliados por anos e por áreas de formação

Tabelas A2 – País e instituição de origem dos peritos estrangeiros

Anexo B   Lista dos cursos avaliados, por CAE

Anexo C   Lista das CAE e sua composição

Anexo D   Definição dos "campos de apreciação"

1. INTRODUÇÃO

A elaboração de um documento que sintetize os dois Ciclos do processo de avaliação das Universidades Portuguesas corre sempre o risco de vir a sobrepor-se aos conteúdos dos mais variados trabalhos que têm sido apresentados em público por pessoas experientes e conhecedoras do processo, apesar de "quem está no terreno" poder apresentar uma visão diferente em muitos aspectos, dada a especificidade da sua experiência.

Acresce que o momento escolhido para este trabalho coincide com a altura da apresentação do relatório do Segundo Ciclo de Avaliação das Universidades, o que, se por um lado, facilita uma auto-avaliação crítica, por outro, implica um cuidado especial para evitar repetições. Entendeu-se, por isso, tornar esse relatório parte integrante deste documento, o que, se é verdade que o pode tornar menos equilibrado, facilita a comparação dos Ciclos se tivermos em conta o relatório do Primeiro Ciclo e as análises feitas ao modo como decorreu.

2. ALGUNS MARCOS IMPORTANTES

A publicação da Lei de Autonomia Universitária (LAU) – Lei 108/ /88, de 24 de Setembro – foi um passo significativo no desenvolvimento do Ensino Superior, saudado por todas as Universidades, que por ela tanto aspiravam. O reconhecimento, pela LAU, de que gozam de autonomia estatutária, científica, pedagógica, administrativa, financeira e disciplinar, e o desenvolvimento dessas mesmas autonomias, mais não era do que a tradução prática de uma norma constitucional, cuja aplicação haveria de abrir às Universidades meios para se modernizarem e definirem os seus próprios caminhos. É uma evidência que, ao assumirem em pleno a autonomia prevista na Lei, as Universidades assumiriam, também, uma maior responsabilidade e uma maior obrigação de prestar contas. A própria LAU é clara nesse aspecto e, em particular, determina (artigo 32°) que "o Governo deve apresentar na Assembleia da República uma proposta de lei sobre o regime de avaliação e acompanhamento da actividade das universidades".

Foi neste contexto, aliado às experiências europeias que se haviam começado a desenvolver na década de 80, que, invocando a autonomia universitária, os reitores das Universidades, através do Conselho de Reitores das Universidades Portuguesas (CRUP), entenderam encetar, em 1993, um processo de avaliação dos cursos das suas instituições, o que fizeram em contacto com o governo, influenciando decisivamente o texto da Lei de Avaliação – Lei 38/94 de 21 de Novembro. Veiga Simão, Machado dos Santos e Almeida Costa[1] referem-se a este processo do seguinte modo:

> "Neste momento em que, com base na sólida experiência já recolhida e perante os parâmetros adicionais introduzidos pela Lei 1/2003, se procura reorientar o sistema de avaliação, convirá ter presente o conjunto de princípios orientadores para a avaliação e o acompanhamento das actividades dos estabelecimentos de ensino superior que, aliás, foram delineados e propostos pelo CRUP e pela FUP em Abril de 1994, num processo participado e de diálogo aberto com o Governo e que marcou profundamente a preparação e aprovação da Lei 38/94. Recordar e aprofundar esses princípios, que mantêm toda a sua validade, permitirá analisar o respectivo grau de prossecução decorrida uma década e tirar ilações sobre correcções de percurso a efectuar com vista ao fortalecimento da credibilidade do processo e do modelo contratual, em boa hora adoptado, bem como sobre a melhor forma de levar à prática os novos conceitos trazidos pela Lei 1/2003. Sem repetir na íntegra todos os princípios então avançados, salientam-se os seguintes, em relação aos quais se apresentam alguns comentários:
>
> – O quadro jurídico a adoptar *deve revestir a forma de "lei-quadro"*, com o correspondente desenvolvimento normativo efectuado pela via contratual, *de modo a facilitar o seu progressivo aperfeiçoamento (i.e.,* preconizava-se a via de uma construção partilhada do modelo de avaliação, em permanente diálogo com o Governo);
> – O *sistema de avaliação deve contribuir para o aperfeiçoamento da autonomia das instituições, em simultâneo com um mais elevado grau de responsabilização perante a comunidade* (o que obriga ao conhecimento rigoroso do grau de actualização do ensino e da investigação, do grau de melhoria da sua qualidade, devidamente medida, e do incremento da capacidade institucional de resposta aos grandes desafios do nosso tempo – a competitividade, a inovação e a civilidade);
> – Para o aprofundamento do relacionamento entre o poder político e o governo académico e, consequentemente, da autonomia das instituições

---

[1] Veiga Simão, J., Machado dos Santos, S., Almeida Costa, A. (2005), *Ambição para a excelência – A oportunidade de Bolonha*, ed. Gradiva, Lisboa.

Ensino Superior Universitário – FUP/APESP – Relatório Final 25

de ensino superior, a avaliação deve abranger o acompanhamento do desempenho de todas as actividades institucionais, *com incidência sobre as funções de ensino, investigação, cultura e acção institucional no meio exterior* (aspecto este não desenvolvido em todas as suas potencialidades na 'avaliação por cursos');

– O sistema de avaliação *deve estabelecer uma unidade de princípios e de acção, tanto para as instituições públicas como para as instituições privadas e, no que respeita ao ensino politécnico, deve fixar princípios análogos aos das universidades, sem prejuízo da definição de linhas de acção inerentes à natureza deste tipo de ensino; do mesmo modo, deve ser consagrada a harmonia e a coerência entre as metodologias e linhas de acção a aplicar nos dois subsistemas, por forma a que possam ser transmitidos à comunidade relatórios globais do ensino superior e o respectivo impacto social e económico, a nível nacional, comunitário e internacional* (o que apela à aprovação e divulgação, por parte da entidade de avaliação, de medidas de coordenação efectiva, privilegiando aspectos ligados à complementaridade entre os dois subsistemas, com reflexos práticos nos instrumentos da avaliação, questão esta com particular importância em relação a cursos ministrados em ambos os subsistemas que conduzam a títulos profissionais idênticos, como sejam a engenharia, a enfermagem ou a formação de professores);

– *As relações entre o Governo e os estabelecimentos de ensino superior devem orientar-se, por um lado, no sentido do respeito pela autonomia institucional e, por outro, pela legitimidade do Governo para velar pela estrutura e qualidade do sistema de avaliação,* devendo *em particular competir ao Ministro a aprovação de critérios para a designação das comissões de peritos responsáveis pela avaliação* (o Governo delegou, em grande parte, na entidade avaliação as suas responsabilidades em velar pelo sistema de avaliação, em especial no plano técnico, o que o não deverá, contudo, afastar da direcção política do processo);

– *Deverá ficar consignada a obrigatoriedade de cada um dos estabelecimentos do ensino superior institucionalizar, internamente, um sistema de auto-avaliação, com referência a indicadores previamente definidos, devendo, de igual modo, ser criado um sistema de informação, global e independente, com base em dados estatísticos idóneos e em indicadores devidamente seleccionados* (a institucionalização de uma cultura de auto-avaliação sistemática, de base anual, ganharia uma maior dinâmica se os indicadores referidos estivessem identificados e sujeitos a uma recolha sistemática; por sua vez, a então já prevista, e repetidamente anunciada, rede de bases de dados académicos, científicos, económicos, financeiros e de impacto social continua fugidia, apesar de, sem ela, ser sempre questionável a fiabilidade de cálculo dos indicadores de desempenho, a fidedignidade da informação prestada à sociedade e a construção de um *benchmarking* moderno e desafiante);

– *O sistema deverá acompanhar as experiências em curso nos países comunitários, de modo a contribuir, decisivamente, para as orientações estabelecidas no Tratado da União Europeia, designadamente as*

> relativas ao reconhecimento académico de diplomas e de períodos de estudo e ao fomento de projectos de Investigação e Desenvolvimento comunitários (a dimensão europeia dos sistemas de avaliação ganhou um grande impulso com os objectivos intermédios fixados na Cimeira de Berlim em Setembro de 2003, colocando responsabilidades acrescidas de internacionalização na entidade de avaliação)."

E mais adiante afirmam:

> "A pertinência e validade actual dos princípios e objectivos atrás referidos, que estiveram subjacentes à génese do sistema de avaliação, são inquestionáveis. A evolução, no sentido da prossecução desses objectivos, é significativa, apesar de muitas das potencialidades do modelo instituído não estarem ainda exploradas em pleno."

Foi, com base nestes princípios que se desenrolou, em negociação com o Ministério da Educação, o Primeiro Ciclo de Avaliação, a título experimental, unicamente nas Universidades Públicas, seguindo-se um modelo contratual que veio a ser alargado aos Institutos Politécnicos Públicos e às Instituições Universitárias e Politécnicas privadas, a partir de 2000. Esse modelo responsabiliza o Ministério da tutela e as Instituições, através de entidades representativas (para as Universidades Públicas e Universidade Católica, a Fundação das Universidades Portuguesas – FUP, para os Institutos Politécnicos Públicos, a Associação dos Institutos Politécnicos Portugueses – ADISPOR, para as Instituições Privadas, a Associação Portuguesa do Ensino Superior Privado – APESP) que se encarregam dos procedimentos inerentes ao processo de avaliação. Como afirma Veiga Simão[2]:

> "As partes contratantes assumem compromissos entre si e perante a sociedade, obrigando-se, neste caso, à publicidade de relatórios e à comunicação à opinião pública dos resultados da avaliação.
>
> A credibilidade do modelo contratual passou a depender do rigor e transparência com que se desenvolvem os processos de auto-avaliação e da avaliação externa, componentes essenciais da avaliação global definida em lei.
>
> Embora, no modelo aprovado, a responsabilidade pela operacionalização caiba às instituições do ensino superior, a intervenção do Ministério da tutela não deixa de incidir sobre aspectos determinantes, tais como:
>
> a) reconhecimento das entidades representativas das instituições no sistema da avaliação, previstas na *Lei da Avaliação do Ensino Superior*, as quais são responsáveis pela avaliação externa;

---

[2] VEIGA SIMÃO, J. (2003), *Modernização do Ensino Superior – Da ruptura à excelência*, ed. Fundação das Universidades Portuguesas, Coimbra.

b) homologação das Comissões de Avaliação Externa (CAE), propostas pelas entidades representativas;

c) co-financiamento da avaliação externa das instituições, o qual veio a ser fixado em 90% para o Ministério da tutela e em 10% para as instituições de ensino superior;

d) atribuição às instituições públicas de verbas específicas para a auto--avaliação, fixando-se o objectivo de inscrever estas últimas verbas nos orçamentos de funcionamento;

e) acompanhamento do processo, velando pela sua harmonia, coesão e credibilidade.

A *Lei da Avaliação do Ensino Superior*, de *Novembro de 1994*, veio a ter o desenvolvimento normativo nela previsto, com a aprovação do *Decreto-Lei 205/98*, de *11 de Julho*. Este diploma criou o Conselho Nacional de Avaliação do Ensino Superior (CNAVES), como interface responsável por velar, em primeira instância, pela referida harmonia, coesão e credibilidade, sem prejuízo das competências fixadas para as entidades representativas.

O referido decreto-lei estabelece que as entidades representativas são reconhecidas por protocolos assinados com o Ministro, obedecendo a normas e a regras legalmente consagradas. As disposições consagradas no decreto-lei e nos protocolos assinados contêm óbvias sobreposições e permitem interpretações diversas, designadamente sobre competências, causando confusões desnecessárias, agravadas pela multiplicidade das estruturas do sistema da avaliação. Refira-se que o primeiro ciclo da avaliação dos cursos das universidades públicas, concluído em 2000, se encontrava no quarto ano de execução quando o CNAVES foi constituído."[3]

Terminado o segundo ciclo importa fazer uma análise crítica da evolução da avaliação ao longo destes dez anos. A eventual entrada numa nova fase deve necessariamente corrigir as deficiências do passado e ajudar a criar/aumentar nas instituições a cultura de qualidade que se pretende desde o início do processo. Convém referir, a este propósito, a posição do Conselho Nacional de Avaliação do Ensino Superior – CNAVES, expressa na apresentação da proposta de um novo guião[4]:

"Em particular, deve salientar-se que esses processos [de avaliação] cumpriram em grande medida o propósito original de indução de qualidade na vida das instituições, não só pela oportunidade que proporcionaram de uma reflexão interna sobre a actividade desenvolvida, mas também pela possibilidade de confrontar o resultado dessa reflexão com a opinião dos peritos que integraram as comissões externas de avaliação.

---

[3] Ao longo deste trabalho far-se-á muitas vezes referência à obra citada em 2. Agradecemos ao autor a autorização concedida para transcrever largas passagens do livro.

[4] http://www.cnaves.pt

Como resultado dessa indução de qualidade, generalizou-se o reconhecimento de que um "ambiente de qualidade" é condição essencial da vida das instituições, tendo muitas delas constituído estruturas ou processos de actuação susceptíveis de garantir a sua contínua promoção, oferecendo sistematicidade às actividades de auto-avaliação."

Longe de tentar ser exaustivo, o texto que se segue pretende dar uma ideia do que se entende que foi a aplicação das questões acima enunciadas, em ambos os ciclos, apresentando aquilo que se entende terem sido os aspectos positivos e negativos.

Este trabalho é subscrito pelos Presidentes dos Conselhos de Avaliação das Universidades Públicas e das Universidades Privadas. Poderá sempre ficar a dúvida sobre a legitimidade de envolver o Presidente do Conselho de Avaliação das Universidades Privadas numa avaliação de dez anos. Tal como qualquer outra pessoa, ele tem o direito de o fazer, mas, acima de tudo tem o conhecimento dos factos porque os acompanhou de perto, o que é imprescindível para uma análise independente.

Além disso, há uma parte deste documento – o que se refere ao Segundo Ciclo – que envolve a avaliação das Universidades privadas.

3. O PRIMEIRO CICLO

3.1. Considerações gerais

Como foi referido, o Primeiro Ciclo decorreu a título experimental, tendo havido o cuidado de ir corrigindo o que se afigurava menos apropriado. Os encargos (altos) com avaliação externa foram financiados a 90% pelo Ministério, de acordo com o Protocolo assinado entre o Ministério, o Presidente da Fundação das Universidades Portuguesas e o Presidente do Conselho de Reitores das Universidades Portuguesas. O trabalho desenvolvido, para além de ter sido objecto de vários relatórios, foi sujeito a um trabalho de análise crítica solicitado pela FUP ao Prof. José Veiga Simão[2], que veio a demonstrar algumas das dificuldades da sua aplicação e apresentou as suas extraordinárias capacidades. Na sua obra, o autor descreve os procedimentos aplicados (que não são aqui descritos por estarem à disposição pública) e chega a conclusões sobre as questões mais delicadas.

Com efeito, e como já se referiu, todo o processo de avaliação deve ter como objectivo a procura interna de uma melhoria da qualidade, indispensável para a Instituição e para a Sociedade, que pede a maior transparência de processos e de informação.

É interessante referir que o autor afirma, em certo momento, o seguinte:

> "As normas, em aperfeiçoamento contínuo, salientam as finalidades da avaliação, a saber:
>
> a) estimular a melhoria da qualidade das actividades desenvolvidas;
> b) informar e esclarecer a comunidade educativa e a comunidade portuguesa em geral;
> c) assegurar um conhecimento mais rigoroso e um diálogo mais transparente entre as instituições do ensino superior;
> d) contribuir para o ordenamento da rede de instituições do ensino superior.
>
> A avaliação não pode deixar de ter em conta que outra finalidade é a de contribuir para o reconhecimento de diplomas académicos e títulos profissionais a nível europeu. Acresce que, em todas as circunstâncias, deve igualmente ser um precioso instrumento de racionalização das actividades de ensino e de investigação universitárias, designadamente no que respeita aos meios humanos, físicos e financeiros.
>
> Em síntese, o principal objectivo da avaliação é o de *analisar* e *estimular* a *qualidade* das actividades académicas e, nesta fase, do ensino, aprendizagem e investigação ligadas ao ensino.
>
> A qualidade do ensino ou dos cursos é um conceito com múltiplas interpretações válidas, pelo que alguns preferem não falar em *qualidade*, considerando mais rigoroso falar em "qualidades" ou em "aspectos múltiplos da qualidade".

Para além disso, o autor põe em evidência os seguintes pontos, que considera fundamentais, alguns dos quais revelam algumas fragilidades do processo:

> "a) o Primeiro Ciclo foi dado como concluído no ano 2000, ou seja um ano depois do ano previsto no protocolo assinado em 1995, entre o Ministro da Educação e os Presidentes do CRUP e da FUP;
> b) os desfasamentos temporais que ocorreram entre algumas auto-avaliações e o início das avaliações externas, prejudicaram as universidades cumpridoras dos prazos marcados, mas permitiram que fossem avaliados todos os cursos inicialmente programados. Esta orientação resultou, após extenso debate, de uma decisão do CRUP, tendo vencido a argumentação, aliás compreensível, de que se tratava de um período experimental e de que as dificuldades de organização nalgumas unidades orgânicas universitárias eram insuperáveis nos prazos marcados e, em síntese, o CRUP privilegiou uma atitude pedagógica, no Primeiro Ciclo, a qual permitiu incentivar uma maior compreensão do processo, alertando-se, no entanto, de forma continuada, para a excepcionalidade da medida que não seria repetida no Segundo Ciclo.

Deve reconhecer-se que alguns atrasos foram exagerados, dando origem a abusos, o que pôs em realce a natureza da autoridade do CRUP em fazer cumprir obrigações pelas quais se responsabilizou perante o poder político, de acordo com o protocolo assinado;

c) os atrasos verificados na concessão de meios financeiros às universidades para a auto-avaliação e à FUP para a avaliação externa, foram demonstrativos da incapacidade dos governos em actuarem, atempadamente, sobre a máquina burocrática e justificaram alguns atrasos. A lição a tirar é a de que, no caso de estar em causa uma relação contratual referente a uma iniciativa prioritária, a da qualidade, a temporalidade na acção deve ser exemplarmente cumprida, sem o que se fomenta o laxismo e se penaliza quem trabalha;

d) os períodos de actuação das CAE foram variáveis e, nalguns casos, demasiado extensas, violando o guião das CAE. Esses atrasos nem sempre foram explicáveis pelo número de cursos e de universidades envolvidas no processo. Uma análise dos tempos entre o início da actividade de uma comissão e a entrega do relatório demonstrou a necessidade de definir calendarizações mais rigorosas e mais curtas, sem prejudicar as visitas às instituições.

O caso dos cursos de Direito, apenas quatro, em que, até esta data não foram entregues os RAE, previstos para 2000, prejudica a imagem da avaliação, com a agravante de as entidades que deviam velar pelo cumprimento dos deveres contratuais se terem mantido silenciosas e não terem adoptado medidas correctivas para defender a credibilidade do processo.

Na verdade, os RAA, programados para serem entregues em Abril de 1997, foram remetidos para avaliação externa em Junho de 1997 (Universidade Católica Portuguesa), Novembro de 1997 (Universidade de Coimbra) e Abril de 1999 (Universidade de Lisboa). As visitas dos peritos foram realizadas em Junho de 1999 (Universidade Católica Portuguesa), Fevereiro de 2000 (Universidade de Coimbra) e Fevereiro de 2000 (Universidade de Lisboa). O relatório final, previsto para 1999, não foi elaborado até Julho de 2003, estando prevista a sua substituição por um relatório globalizante, que porá em realce aspectos que conduzam a um juízo global sobre o ensino do Direito nas universidades públicas e Católica Portuguesa. **(Nota: este relatório nunca chegou a ser entregue).**

As CAE dos cursos de Administração e Gestão, que iniciaram os seus trabalhos sob os melhores auspícios, acabaram também por não cumprir as regras estabelecidas ou apresentando relatórios não conformes com os requisitos definidos, ou não suscitando o contraditório. Porém, neste caso, a avaliação sofreu enorme perda com o falecimento do Prof. Francisco Pereira de Moura, inexcedível na dedicação a esta tarefa, na qual punha todo o seu saber e empenho.

A solução encontrada posteriormente acabou por dar origem à inexistência de um relatório final. Espera-se que estes exemplos sejam analisados pelas partes contratantes e que não venham a dar origem a consequências desagradáveis para a credibilidade do processo, o que exige medidas profiláticas e rigorosas a serem tomadas antes do início de novas avaliações dos

> cursos de Direito e de Administração e Gestão, até porque são professados em mais de vinte instituições universitárias e abrangendo elevadíssimo número de alunos;
>
> e) a presença de peritos estrangeiros, designadamente nas visitas, tem de ser uma constante e não pode ser errática. No primeiro ciclo, os peritos estrangeiros participaram em vinte e sete comissões das quarenta e três que foram nomeadas. A regra deve ser a da obrigatoriedade, visto que a sua presença é essencial para a clareza e transparência do processo;
>
> f) a constituição das CAE e as dificuldades de inserção de disciplinas comuns a vários cursos sob diversos pontos de vista académicos, científicos e financeiros conduziram, entre outras razões, à proposta de que a avaliação dos cursos deveria integrar-se na avaliação por *áreas do conhecimento*. Foi incompreensível que o Segundo Ciclo mantivesse a mesma configuração do Primeiro Ciclo, o que acarreta maiores dificuldades, face aos mais de dois mil cursos em análise."

Esta análise, de certo modo dura, mas que descreve a realidade, não deve ser descartada, apesar de os autores do presente documento terem algumas reservas acerca de alguns aspectos. Contudo, ela não deve ser olhada como uma crítica despropositada nem injusta. Pelo contrário, antes se deve olhar como um contributo para a melhoria. E, uma vez que o autor nos permitiu usar, sem reservas, o seu texto, não resistimos a citá-lo uma vez mais[2]:

> "O Primeiro Ciclo da avaliação deu a indicação indiscutível de que é necessário acelerar o processo pois os seus resultados são essenciais para a reforma do ensino superior e para a concepção de medidas cruciais para a competitividade de Portugal entre nações. Daí que, sob o ponto de vista organizativo, se torne necessário:
>
> a) *proceder, de imediato, à avaliação por áreas do conhecimento* que, não eliminando o pronunciamento sobre os cursos, não só facilita como é mais rigorosa na apresentação e tratamento dos dados pedagógicos, científicos e financeiros, entre outros. As dificuldades nas áreas das línguas e das engenharias ilustram bem a irracionalidade das avaliações em curso e a confusão e incoerência que não são ultrapassadas na auto-avaliação e na avaliação externa;
>
> b) *reformular os tempos de avaliação,* com base numa auto-avaliação permanente e em avaliações externas intermitentes gizadas de acordo com os resultados de avaliações anteriores. É insustentável obedecer a ciclos rotativos de cinco anos, sem acompanhamentos activos. É inconcebível que os cursos mais frequentados no ensino superior português não tenham sido já avaliados. Recordem-se, apenas, os cursos de Direito, Administração e Gestão...;
>
> c) *privilegiar o critério de oportunidade de avaliação dos cursos,* perante a pressão legítima da sociedade. A calendarização cíclica deve ser profundamente alterada, privilegiando os efeitos sociais que a avaliação

dos cursos deve ter no ordenamento do ensino superior e no mercado do trabalho;

d) *dar maior relevância à investigação científica,* designadamente à sua influência no ensino, à obrigatoriedade de se proceder ao cálculo dos custos dos alunos por curso e dos seus diplomados, harmonizando critérios de imputação de despesas comuns, e a uma maior credibilização de dados relativos à inserção dos diplomados no universo do trabalho. Os GAA do ensino universitário e politécnico devem ser flexíveis e coerentes e permitir entre si fáceis comparações, designadamente, nos cursos que conferem os mesmos títulos profissionais;

e) *ter em pleno funcionamento um "sistema de gestão da qualidade" em cada instituição;* é preocupante verificar que, apesar da revisão constitucional de 1997, não existem sistemas de gestão da qualidade na maioria das universidades e, em nenhum caso, as poucas que existem estão consolidadas, o que dificulta a construção de carteiras de indicadores da qualidade;

f) *contribuir para clarificar o facto de a maioria dos relatórios internacionais nos dar conta de que indicadores educativos nacionais estão associados a desperdícios financeiros.* Na verdade, ao mesmo tempo que as universidades exigem maiores verbas para o seu funcionamento os relatórios da OCDE, da União Europeia, do FMI e do IMD, apontam para desperdícios intoleráveis. Esta incongruência só pode ser resolvida através da avaliação clara e transparente dos resultados;

g) *divulgar a fundamentação dos custos da própria avaliação,* de forma atractiva, assim como os resultados da avaliação, designadamente pelo CNAVES, não dando azo a que os detractores do processo, por razões diferentes, descredibilizem o processo. Os custos da avaliação merecem cuidadosa atenção, sendo necessário que as despesas da auto-avaliação sejam integradas, como componente específica, na fórmula do financiamento das instituições e que a avaliação externa construa uma fórmula própria, de modo a que sejam conhecidos publicamente os seus custos por áreas de conhecimento, imputando-lhes os custos da estrutura central do CNAVES;

h) *intensificar a internacionalização da avaliação* é essencial ao futuro. Na verdade, a internacionalização do ensino superior e a sua dimensão europeia tornam imprescindível a presença de peritos estrangeiros nas CAE e uma divulgação em várias línguas na internet dos resultados da avaliação dos cursos, unidades orgânicas e instituições, publicando as respectivas carteiras de indicadores. Impõe-se também uma mais intensa participação em iniciativas de avaliação da Comissão da União Europeia, do Conselho da Europa e de universidades europeias, assim como o envolvimento em processos bilaterais, designadamente com países da União Europeia. A CPLP deveria merecer uma atenção específica;

i) *racionalizar, sem demoras, os cursos ministrados, nas universidades públicas, numa visão inter e intra-institucional.* A autonomia das universidades públicas reflectiu-se positivamente em vários domínios, mas negativamente na criação voluntarista de cursos, sem fundamentação na evolução cultural, científica e tecnológica nem no universo do trabalho, o que tem efeitos negativos na qualidade e na diluição de meios financeiros, criando dificuldades adicionais em atingir **níveis** de qualidade mínima. O Governo, porém, foi o mais activo parceiro da quase-anarquia na criação e financiamento de cursos, autorizando-os nuns casos ou registando-os noutros, alheando-se da sua evolução e, pior ainda, procedendo a inqualificáveis reconhecimentos retroactivos, determinados pela sua demissão no exercício da função fiscalizadora... Os prejuízos de tal situação são evidentes, quer para a competitividade de Portugal entre nações, quer para a modernização das empresas e das instituições, quer, ainda, para o emprego dos diplomados e o clima de confiança das famílias. O direito de estabelecimento na União Europeia dos cidadãos portugueses exige que se dê a maior atenção à dimensão europeia e à declaração de Bolonha.

Desde já, deve dar-se publicidade com rigor e bom senso à síntese dos resultados do Primeiro Ciclo da avaliação por cada universidade pública, da avaliação por áreas do conhecimento, não só o relatório global mas também os relatórios individuais dos institutos politécnicos e instituições privadas e dos relatórios do GM;

j) *fazer, com urgência, um exercício crítico do processo,* de modo a conhecer-se o grau de satisfação dos objectivos da avaliação das metas fixadas nas leis e nos protocolos. Como resultado desse exercício deve evidenciar-se o que foi e o que não foi conseguido, explicitar-se as forças e as fraquezas de cada um dos actores dos protocolos e dos con-selhos institucionalizados e evidenciar-se as responsabilidades que cabem a cada um, contribuindo para a credibilidade da avaliação perante a opinião pública. Para isso, torna-se necessário compreender, de uma vez por todas, que uma avaliação sem consequências visíveis e men-suráveis é *uma mão cheia de coisa nenhuma*, na expressão feliz de Miguel Torga.

Como se afirmou acima, as críticas do Prof. Veiga Simão ao Primeiro Ciclo de avaliação, no trabalho que lhe foi "encomendado" pela FUP não são injustas e mereceram reflexão. Como veremos, algumas delas foram tomadas em conta no Segundo Ciclo, o qual já tinha sido iniciado à data de publicação da obra citada. Mas ele não se limita a apresentar uma avaliação com afirmações mais ou menos expectáveis. Propõe acções futuras, mantendo o nível crítico que se impõe numa avaliação do ciclo[2]:

"*Para além dos comentários desenvolvidos neste capítulo e no anterior, capítulo III, e de um tratamento mais pormenorizado das questões estruturantes e da carteira de indicadores da qualidade que faremos a seguir, não podemos deixar de mencionar o seguinte:*

a)*uma percentagem razoável de RAA e de RAE sofreu melhorias significativas no segundo ciclo, mas as diferenças de qualidade desses relatórios não são evidenciadas para o exterior e as recomendações* para o interior não são conhecidas da opinião pública e das comunidades académicas; a heterogeneidade divulgada seria uma mais-valia para a credibilidade da avaliação;

b) existem casos de relatórios que não prestigiam o processo e, em particular, os de algumas CAE revelam tolerância máxima e exagerada benevolência, tendo quase o céu como limite; esse espírito emerge em tudo quanto se relaciona com critérios de medida, pois tudo se traduz em recomendar maior empenho na qualificação do corpo docente, sem definir metas, em evidenciar a dedicação de docentes com experiência, omitindo os standards exigidos e, por último, sem equacionar as metas de um programa de qualificação a médio prazo. Não basta dizer que a CAE foi informada de que a universidade se encontra numa fase de preparação cuidada do seu pessoal docente; é que a obrigação dos estabelecimentos do ensino superior particular e cooperativo em se adaptarem ao EESPC deveria ter sido efectuada até 30 de Junho de 1997, de acordo com o referido diploma (Artigo 66º, do Decreto-Lei 16/94, de 22 de Janeiro, alterado pela Lei 37/94, de 11 de Novembro); e algumas dessas disposições, designadamente as respeitantes à composição do corpo docente, devem igualmente aplicar-se aos estabelecimentos de ensino superior público;

c) a realização anual de uma conferência aberta à comunicação social de prestação de contas, com a presença do Ministro e das entidades contratantes, na qual seriam postos em evidência os resultados obtidos não representa uma mera formalidade, mas antes seria um acto simbólico de respeito pela sociedade e de defesa da credibilidade do processo de avaliação. Ninguém acredita que os cursos avaliados sejam caracterizados por médias sem significado real. O cuidado com que se devem apresentar os resultados deve ter em conta que os estudantes, para serem actores construtivos do processo, esperam que se dê mais ênfase aos incentivos à qualidade do que às penalizações e que se indiquem claramente as medidas correctivas, de modo a não serem prejudicados no emprego futuro. Este será o meio de fomentar a sua colaboração activa e interessada. Tal não impede a tomada de decisões previstas na lei;

d) a harmonização dos objectivos e a articulação dos resultados entre a avaliação das áreas do conhecimento e a avaliação das unidades de investigação são necessárias e urgentes, procurando um equilíbrio entre os modelos de avaliação, sendo certo que uma significativa presença nas CAE de elementos qualificados da sociedade civil e de professores estrangeiros é imprescindível. A avaliação não pode cair na ratoeira de ser qualificada de uma actividade exercida inter-pares, questionando-se a sua independência;

e) a diluição da autonomia institucional, designadamente na sua vertente financeira, não pode conduzir a processos irracionais de criação de cursos, à criação incontrolada de opções disciplinares nos planos curriculares, à inexistência de uma estratégia institucional global e ao total desprezo por acusações de desperdícios, fundamentadas em indi-

cadores globais, universalmente aceites e constantes de relatórios internacionais. É já notório o desfasamento entre universidades no que respeita aos cálculos dos custos de múltiplas actividades, sendo já conhecidas algumas situações mais prestigiantes. Para além das referências a esta questão e a outras questões estruturantes, é de realçar a recente notícia de que a Universidade de Coimbra, após um esforço louvável, em finais de Junho, obteve a certificação do sistema de gestão de qualidade da sua administração, segundo a norma ISO-9000, emitida pela Organização Internacional de Normalização, adoptada como norma europeia e norma portuguesa. Esta certificação foi concedida pela Associação Portuguesa de Certificação (APCER), constituída pelo Instituto Português da Qualidade e pelas principais associações empresariais do País. Agora será mais fácil à Universidade de Coimbra proceder ao cálculo de custos. De qualquer modo, o CRUP deve tomar com urgência uma medida global a este respeito, até para defender a autonomia universitária;

f) a actual forma de inserção de alguns cursos ministrados nos estabelecimentos de ensino superior militar determina um desvio evidente nos propósitos do processo da avaliação, tanto mais que a ênfase será cada vez mais acentuada na avaliação das competências profissionais; o Decreto-Lei 205/98, de 11 de Julho, prevê, aliás, um diploma próprio, reflexo das especificidades da formação militar, o que, aliás, sem prejuízo de um denominador comum, são variáveis conforme a natureza e estrutura orgânica dos cursos ministrados nos três ramos das Forças Armadas;

g) os RAE finais das licenciaturas da área de línguas e literaturas clássicas e modernas e da linguística revelam a necessidade de cada universidade fazer uma assunção clara do projecto institucional de formação educacional na sua filosofia, objectivos, organização e recursos associados a rigorosos critérios de exigência. Importa repensar a eficácia dos estágios pedagógicos, as condições em que decorrem e que haja uma assunção clara de responsabilidades.

Os relatórios de formação educacional noutras áreas revelam idêntica preocupação, sendo necessário formular juízos de valor sobre os modelos que se desenvolveram nalgumas das chamadas universidades novas e nas universidades clássicas. Uma reflexão mais imprescindível, após a reorganização do Ministério da Educação;

h) para além de todos os formatos de recomendações, os peritos não deixam de continuar a referir, com maior ou menor intensidade, a falta de elementos-base – sumários, bibliografia pouco actualizada, testes de avaliação sem criatividade, ausência de aulas em esquemas de créditos calculados para 15 semanas e que na realidade decorrem em 10/11 semanas, repetição de temas no mesmo curso, ausência de textos de apoio,...

É certo que o autor já refere o Segundo Ciclo, mas fá-lo com o objectivo de, analisado o Primeiro Ciclo, sugerir melhorias, como seria de esperar de um trabalho desta natureza.

3.2. Aspectos merecedores de comentário especial

3.2.1. Os indicadores de qualidade

Um aspecto que, ultimamente, tem sido objecto de muitas intervenções públicas, no que se refere aos processos de avaliação, é a falta de uma carteira de indicadores que permita obter resultados mais objectivos. Afirma Veiga Simão no referido trabalho, a determinado momento:

> "As universidades devem prestar a maior atenção às recomendações das comissões externas da avaliação e incentivarem o envolvimento de professores e estudantes, através de mecanismos idênticos aos *círculos de qualidade* existentes noutras instituições públicas e em empresas.
>
> Tudo, porém, mergulhará na subjectividade dos actores se não houver uma caracterização, baseada em indicadores mensuráveis dos cursos, das actividades de investigação, culturais e de serviço à comunidade, das unidades orgânicas e das instituições. Não se trata de um *ranking*, o que se deixa a outras entidades e à comunicação social, mas de um *rating*, associado a um *benchmarking* a nível nacional, europeu e mundial, baseado em indicadores universalmente aceites.
>
> A carteira de indicadores deve abranger indicadores académicos, científicos e culturais e, bem assim, indicadores económicos e financeiros, até porque as práticas de boa organização e gestão e de análise de custos/benefícios são cada vez mais necessárias à qualidade do desempenho."

Referindo mais adiante:

> "Os governos dos últimos anos têm sido sujeitos a críticas generalizadas por adiarem reformas estruturais necessárias, permitindo enormes desperdícios financeiros, designadamente no âmbito da educação, da saúde, da justiça e, em geral, da administração pública. É um assunto de primordial importância sobre o qual referiremos apenas que tais desperdícios são evidentes quando se analisam os indicadores de produtividade, de competitividade e de inovação, relacionados com o desempenho sócio-económico, a eficiência do Estado, a eficiência das empresas e o grau de acessibilidade a múltiplas infra-estruturas. Os indicadores que se relacionam com as universidades também contribuem negativamente para esta situação generalizada, o que se evidencia pelo facto de os indicadores da inovação para Portugal estarem sempre abaixo da média dos Países da União Europeia em companhia da Grécia. Infelizmente, perante as tendências negativas dos últimos anos já se descortinam novas ameaças de alguns Países do Leste Europeu.
>
> Neste contexto, o sistema de ensino superior português tem de satisfazer em grau elevado as necessidades do universo do trabalho da sociedade do conhecimento em especialistas e em técnicos qualificados. As Cartas de Indicadores da Inovação da União Europeia, os indicadores da competitividade entre as cinquenta Nações consideradas as mais desenvolvidas no Mundo (*IMD, World*

Economic Forum, OCDE, FMI, Banco Mundial, Eurostat...), os índices de realização tecnológica apresentados nos relatórios de desenvolvimento humano das Nações Unidas, revelam que, mais do que nunca, o enorme desafio que Portugal enfrenta é o de aumentar as suas potencialidades de afirmação, de fortalecer uma personalidade própria e de maximizar a soberania do conhecimento na União Europeia, na CPLP e no Mundo.

Entre outras tarefas impõe-se racionalizar o sistema de ensino superior, até por que o número e a diversidade de cursos e de estruturas se não podem justificar apenas para ocupar professores. É necessário compatibilizar a liberdade de criação com a utilidade social perante a situação preocupante do índice de competitividade entre nações em que Portugal se encontra."

A incidência especial que muitos especialistas colocam, incluindo o Prof. Veiga Simão, nos indicadores de qualidade tem grande pertinência e tem vindo a ser objecto de correcção no Segundo Ciclo, como se verá. Porém, no que respeita ao Primeiro Ciclo tal não foi tido em conta. Não deve, contudo, ter-se especiais "sentimentos de culpa" com esse facto, no que respeita ao primeiro ciclo: foi isso o acordado. Importava, na altura, fazer a pedagogia da avaliação! E muito se conseguiu. A já referida proposta de guião tem em conta estas preocupações e não há reacções negativas, até ao momento. Essa proposta segue de perto a sugestão apresentada na obra "Ensino Superior: uma Visão para a próxima Década"[5]. Os autores apresentam no Anexo IV.1 uma proposta nos seguintes termos:

" (…) A título de exercício metodológico, necessariamente sujeito a aperfeiçoamentos futuros e ajustamentos a cada situação concreta, apresenta-se uma sugestão que, começando por identificar um universo de factores sujeitos ao registo de dados e referências descritivas, proporciona a elaboração de uma carteira de indicadores que (…) se designa por «carta de progresso».

No entanto, como se compreende, tanto o universo de «campos de apreciação» como a «carta de progresso» devem ser ajustados a cada uma das modalidades de avaliação que esteja em causa: avaliação de um curso, avaliação de uma nove área do conhecimento ou avaliação institucional.

Do que se trata, em cada caso, é de restringir ou ampliar os dados e referências a recolher, situando-os no nível de apreciação que se pretende para os objectivos da avaliação que está em causa.

Mas, como nota importante a registar, há que ter em conta que os dados e referências, bem como os indicadores deles resultantes, devem ser idênticos em relação ao universo institucional de apreciação, pois só assim se torna legítimo qualquer esforço de comparabilidade que queira fazer-se".

---

[5] VEIGA SIMÃO, J., MACHADO DOS SANTOS, S., ALMEIDA COSTA, A. (2002), *Ensino Superior: uma Visão para a próxima Década*, ed. Gradiva, Lisboa.

38 *Avaliação – Contributos para a Reformulação*

Apresentam, de seguida um conjunto de «campos de apreciação», contendo os factores a ter em conta em cada um, seguindo-se a referida «carta de progresso», com a sugestão de vários indicadores. Nos últimos anos do Segundo Ciclo já se caminhou para algo semelhante e a proposta de guião para a nova fase aproveita muitas das sugestões contidas na "sugestão" apresentadas pelos autores.

A avaliação da qualidade é uma batalha aparentemente ganha e, hoje, todas as Instituições já aceitam a utilização dos indicadores, em certa medida, havendo casos extremos de quem defenda que os Conselhos de Avaliação ou o CNAVES aceitem elaborar rankings, o que não parece aceitável, devendo tal ser deixado a outras entidades e à comunicação social.

Não obstante, não podemos deixar de assinalar uma das graves deficiências de todo o processo: não existe ainda uma rede de base de dados, como previsto no n.º 11 do protocolo assinado, em 1995, entre a Ministra da Educação, o Presidente do CRUP e o Presidente da FUP, intenção reiterada mais tarde na assinatura do Protocolo respeitante ao Ensino Politécnico Público. A esse propósito, mais uma vez se cita Veiga Simão[2]:

> "(…) o modelo contratual da avaliação nunca terá credibilidade se os indicadores da qualidade, que caracterizem os cursos, se diluírem em ambiguidades patentes em pontos fortes e fracos, em **campos da avaliação** e respectivos **níveis de classificação ou apreciação**, sujeitos a interpretações díspares das comissões externas da avaliação as quais questionam muitas vezes o seu significado. As carteiras de indicadores da qualidade, umas com base em dados estatísticos, outras em dados intangíveis (*soft* ou *survey* data), com critérios bem definidos, são imprescindíveis. A situação actual era razoável no início do processo, mas nada a justifica em 2003. Como consequência, não é possível proceder a exercícios correctos de *benchmarking* nem a análises comparativas rigorosas, a nível nacional, europeu ou internacional. Por outro lado, a avaliação não contribuirá, como deveria, para conferir dimensão europeia ao ensino superior português."

Para atingir tal objectivo importa que o Ministério da tutela cumpra a sua parte do protocolo e coordene a criação e manutenção da já referida base de dados.

3.2.2. A passividade do Governo

A intervenção do Governo em todo este processo deixou muito a desejar no Primeiro Ciclo, sendo ainda mais gritante a sua "ausência" no Segundo Ciclo. Independentemente da qualidade dos relatórios do Pri-

Ensino Superior Universitário – FUP/APESP – Relatório Final 39

meiro Ciclo, era possível ter havido uma (re)-acção da tutela. Nunca tal se verificou. A legislação em vigor dá ao Governo poderes de actuação que nunca foram utilizados. Apesar de estarmos a referir o Primeiro Ciclo, teria sido interessante uma "intervenção" do Ministério da Tutela. A Lei, não só permitia que tal acontecesse, como o exigia. A sua não participação lançou sobre o processo de avaliação uma suspeita de "inconsequência", desnecessária.

Sérgio Machado dos Santos, então Presidente do CRUP, chamou a atenção para a necessidade de ter em conta os resultados da avaliação, em Dezembro de 1997 (!), num Seminário realizado em Aveiro:

> *"Questão essencial é a das consequências dos resultados da avaliação. Convirá lembrar, a este respeito, que o processo da avaliação não tem como finalidade nem o ranking nem a punição das instituições avaliadas. O objectivo fundamental da avaliação é a promoção da qualidade, através da introdução de medidas que corrijam os pontos fracos identificados. Assim, a utilização que se esteja ou venha a fazer das recomendações incluídas nos relatórios das comissões externas reveste-se da maior importância, seja para a prossecução do referido objectivo – o da promoção da qualidade –, seja para a credibilidade e aceitação pública do sistema de avaliação. A este propósito, é fundamental não esquecer que aspectos essenciais do actual sistema, que são particularmente caros à autonomia universitária, como o da não governamentalização e o da não ligação directa da avaliação ao financiamento, dificilmente poderão sobreviver se não existir uma percepção clara por parte de todos os agentes, incluindo a opinião pública, de que a atenção devida foi dada às conclusões e recomendações apresentadas pelos avaliadores e os ajustes e correcções necessários foram introduzidos"*

Se, por um lado, se detectou, através de relatórios de progresso e ao longo do Segundo Ciclo de avaliação, que muitas instituições deram seguimento às recomendações das Comissões de Avaliação Externa, não deixa de ser constrangedor o silêncio do Ministério da tutela e a displicência com que tratou os resultados. O argumento, muitas vezes ouvido, de que os relatórios não eram suficientemente conclusivos (houve até quem lhes chamasse "redondos"!), não resiste a uma leitura atenta. A questão que se pode pôr é se alguma vez eles foram devidamente analisados e tomados a sério. Tudo leva a crer que não, e é pena. Um tão grande investimento deveria ter sido levado a sério por quem tem a responsabilidade de dar contas da aplicação dos dinheiros públicos. Entretanto, a sociedade foi mantida à margem do processo, passando-se a imagem de que a avaliação em Portugal não existia ou era uma actividade pouco transparente. Nem a devida publicitação dos relatórios o Ministério foi capaz de fazer: até há uns anos, uma visita ao Centro de

40   *Avaliação – Contributos para a Reformulação*

Documentação do Ministério da Educação seria eloquente para demonstrar a importância que era dada à avaliação das Universidades: nem um relatório estava à disposição do público!

A este propósito, citaremos mais uma vez Veiga Simão[2] que, em determinado ponto do seu livro afirma, entre outras coisas e embora numa secção dedicada aos indicadores de qualidade, que:

> "(…) convém, ainda, que o poder político e o poder académico tenham em atenção que:
>
> i) A avaliação deve conduzir a contratos de desenvolvimento respeitantes a investimentos associados a áreas estratégicas, com horizontes temporais marcados, no mínimo de cinco anos, os quais se situariam fora do regime normal de financiamento. O mesmo deve acontecer com contratos-programa, abrangendo horizontes temporais inferiores a cinco anos, desde que haja objectivos concretos de melhoria da qualidade do ensino, de apoio a projectos de investigação seleccionados, de apoio a cursos em fases de lançamento, de apoio a encerramento de cursos e de apoio a instituições em situação de crise;
>
> ii) A avaliação deve dar origem a estudos e sugestões relativos a decisões conducentes à correcção de assimetrias regionais. Estas propostas deviam evitar que instituições universitárias e politécnicas espalhadas pelo país entrassem em crise grave previsível face à evolução demográfica e se promovesse uma racionalização do ensino superior, designadamente no interior do nosso país. Em particular, deviam evitar-se medidas proibicionistas e fomentar sistemas de incentivos, ligados ao desenvolvimento regional.
>
> A *Lei de Bases do Financiamento do Ensino Superior Público* aprofunda, aliás, outras formas de estímulo à qualidade, ao referir, no Artigo 11º, a disponibilização de financiamentos adicionais a atribuir às instituições numa base concorrencial, elegendo como factores determinantes a qualificação do corpo docente, o aproveitamento escolar dos estudantes, a apresentação de projectos pedagógicos inovadores, a capacidade das instituições em conseguir financiamentos junto da sociedade civil e o sucesso dos diplomados no mercado de trabalho. (…)"

Estas afirmações vêm, de forma clara, corroborar o que se afirmou sobre a necessidade de o Governo e as universidades terem atenção especial aos resultados da avaliação e das suas consequências.

3.2.3. A internacionalização

Já atrás foi aflorada a questão da internacionalização da avaliação. Durante o Primeiro Ciclo registou-se uma relativamente baixa participação de estrangeiros nas Comissões de Avaliação Externa (num total de

367 peritos, somente 47 eram estrangeiros, o que corresponde a pouco menos de 13%). Será, porventura, um dos pontos fracos que mais chama a atenção, especialmente passados vários anos sobre a *Declaração de Bolonha* e tendo em conta os seus desenvolvimentos posteriores. Embora a situação tenha melhorado substancialmente no Segundo Ciclo, este assunto merece ser olhado com a devida seriedade, dada a necessidade de garantir a continuação do reconhecimento internacional dos nossos processos, agora no âmbito mais geral do Espaço Europeu do Ensino Superior, seguindo os critérios propostos pela ENQA e aceites pelos Ministros responsáveis pelo Ensino Superior, em Bergen, em Maio de 2005. O baixo número de estrangeiros (embora maior durante o Segundo Ciclo) tem diversas origens, sendo de salientar duas: as limitações orçamentais e o facto de a maioria das instituições exigirem que a avaliação seja realizada em Língua Portuguesa (no que estão protegidas pela lei). Este último facto acrescenta mais uma "deficiência" no processo: encontramo-nos limitados a convidar peritos que entendem a Língua Portuguesa, sendo, portanto, maioritários os brasileiros e os falantes da língua castelhana. Há soluções possíveis que, entretanto, foram discutidas no CNAVES. As decisões não podem, nem devem tardar. O que não parece razoável é tentar reduzir a internacionalização à exigência, manifestada por algumas pessoas, de as Comissões de Avaliação Externa serem exclusivamente constituídas por estrangeiros. Há em Portugal óptimos especialistas e o falacioso argumento de que, por serem portugueses, não são independentes, não colhe. Basta só lembrar que a internacionalização se dá a vários níveis e são conhecidas as redes de ensino e investigação de prestígio em que se encontram envolvidas as Universidades Portuguesas. Tendendo o Espaço Europeu de Ensino Superior para a competição entre instituições de diversos países, o argumento da independência faria com que certos prestigiados peritos estrangeiros ficassem impedidos de participar nas avaliações. Por outro lado, a ideia que corre em certos meios de que a avaliação deveria ser feita por instituições de qualidade estrangeiras, mais não é do que passar um atestado de menoridade e de suspeição sobre pessoas que, à partida, estão acima de toda a suspeita.

3.2.4. A participação da sociedade civil

A participação de peritos da sociedade civil foi uma das preocupações de quem dirigiu o Primeiro Ciclo e, naturalmente, continuou no Segundo Ciclo, como se demonstrará. No primeiro ciclo participaram 75 peritos, o que corresponde a pouco mais de 20%. Dir-se-á, com razão que é um número insuficiente. Tal percentagem de participação aumentou pouco durante o Segundo Ciclo, infelizmente. Será desejável uma profunda alteração para futuro. Tal, porém, só terá expressão a partir do momento em que cada Comissão de Visita (normalmente constituída por quatro pessoas) só tenha um universitário português. Desse modo, poderá aumentar-se a participação de peritos externos e de peritos estrangeiros, com vantagem.

Porém, a participação de entidades externas não deveria limitar-se às Comissões de Avaliação Externa. A sua participação no trabalho de auto-avaliação contribuiria, seguramente, para os enriquecer e melhorar a sua qualidade.

3.2.5. A necessidade de um processo mais participado no seio das instituições

Aliás, a questão da participação na auto-avaliação foi (e ainda é) talvez um dos pontos de maior vulnerabilidade do processo. Em muitos casos a participação de estudantes e docentes foi (e, apesar das melhorias registadas, continua a ser) diminuta. Essa participação não pode limitar-se ao preenchimento de questionários, mais ou menos bem elaborados, muitas vezes incompletamente respondidos. Notou-se (e ainda se nota, em muitos casos) que os Relatórios de Auto-Avaliação foram (e, em muitos casos, ainda são) elaborados por pequenas equipas designadas propositadamente para esse efeito, as quais se dissolvem após a avaliação do curso, tornando a constituir-se para prepararem a nova avaliação, alguns anos depois. Notou-se, e ainda se nota, que essas mesmas equipas pouca interacção tiveram com a comunidade académica.

Tal não deveria ser inesperado. A falta de uma cultura de qualidade e a resistência registada em muitos sectores das academias (qualidade é muitas vezes identificada com excelência, o que não ajuda a que a avaliação seja pacificamente aceite por quem se considera "excelente"!), não favoreceram a criação de estruturas permanentes e especializadas de apoio a mecanismos de qualidade na maior parte das instituições. Vemos hoje, passados dez anos, que a avaliação está interiorizada, que em muitas instituições já existem algumas estruturas, algumas ainda incipientes, mas importa que o processo de avaliação estimule o ambiente de qualidade desejável e necessário.

3.2.6. A questão dos recursos financeiros

Uma questão posta, recorrentemente, diz respeito aos orçamentos e, consequentemente, aos custos dos cursos analisados. Foi um problema no Primeiro Ciclo, e continuou a sê-lo no Segundo Ciclo, como continuará a ser em qualquer outro Ciclo enquanto não for definido um modelo de contabilidade analítica credível e compatível. Os dados postos à disposição das Comissões de Avaliação Externas não permitem, como é óbvio, em geral, tirar conclusões. Para além disso, existe um problema, que só se coloca com o sector privado: qual é a legitimidade de exigir essa informação (tal questão só se colocou no Segundo Ciclo, como é óbvio)? Tal é tanto mais grave quanto é verdade que as Universidades estão, permanentemente, sob suspeita no que respeita à sua eficiência e à racionalidade dos seus gastos e da sua organização. Se bem que tenham as suas culpas, elas não podem ser responsáveis pelas hesitações, ou indefinições, do poder político. A introdução geral de um POC para as Universidades não tem sido devidamente apoiada pelo Ministério das Finanças. Isso, porém, não quer dizer que seja impossível tomar medidas que permitam uma comparação razoável. A esse propósito, refira-se, mais uma vez, o trabalho de Veiga Simão[2]. Em determinado momento, ele afirma:

> *"**Legalidade e racionalidade de despesas** — Uma das críticas mais generalizadas, dirigida à Universidade, incide no seu modelo de gestão. É, ainda, corrente afirmar-se que existe uma grande insensibilidade dos professores aos custos do ensino, da investigação e restantes actividades.*
>
> *Na realidade, a imposição às universidades da **contabilidade pública** que, pela sua natureza, privilegia o conceito da legalidade das despesas e o incentivo dos governos ao dispêndio da totalidade das verbas concedidas no respectivo ano económico, mesmo quando concedidas à **última da hora**, desresponsabiliza a Universidade duma racional, rentável e oportuna aplicação dos meios.*
>
> *Esta situação dá origem e pretende justificar pressões **economicistas**, as quais põem em causa a criatividade, a visão humanista da Universidade e até, nalguns casos, ferem a independência de pensamento.*
>
> *A pobreza do tratamento da componente económico-financeira dos cursos, no âmbito da auto-avaliação, veio pôr em maior evidência o desajustamento do modelo global de gestão universitária das realidades sociais e sublinhar a necessidade de se institucionalizarem intra-muros, mecanismos descentralizados de governo académico, com maior grau de responsabilização, sem perda de unidade e coerência.*
>
> *Por razões internas e exógenas caminha-se para um melhor conhecimento da Universidade, da comunidade académica e das componentes de prestação de serviços ao mundo exterior.*

Iniciou-se a introdução de mecanismos sistemáticos de financiamento com base em rácios relacionados com os números de professores, de alunos e de funcionários e, ainda, em outros de natureza científica e financeira, o que impõe cuidadoso tratamento da recolha de dados.

Por isso, não é de estranhar que a Universidade se tenha de preocupar cada vez mais com o rigor da administração, sendo criadas as figuras de administrador, de serviços financeiros e, bem assim, de conselhos administrativos, de gabinetes universidade/empresa e de gabinetes de avaliação. Publicam-se esporadicamente relatórios de auditoria, de contas e de actividades, dando um conjunto de respostas para o interior mas, muito principalmente, para o exterior.

As estruturas do Estado envolvem-se em colheitas de dados nas universidades, através de constantes inquéritos e pedidos de informação.

Importa, nestas circunstâncias, tornar tudo mais simples e claro, dinamizando o já citado banco de dados e um observatório que actualize permanentemente indicadores académicos, científicos, sociais e financeiros de referência, que sirvam de instrumentos de gestão e permitam o exercício comparativo. Com base nesses dados, será então possível montar um sistema de contabilidade analítica, que permita conhecer o custo aluno/ano de cada curso, o custo de cada diploma, o grau de amortização de equipamentos e edifícios, a percentagem das despesas alocadas a pessoal, funcionamento corrente e investimentos. Como também será possível conhecer o tempo de permanência dos alunos na Universidade, a sua origem geográfica, as suas mobilizações, as expectativas de emprego e, inclusive, o contributo da Universidade para a Ciência e Cultura e para o Desenvolvimento Regional e Nacional.

Enfim, um modelo de gestão moderno impõe um conhecimento dinâmico de dados como suporte de estudos e reflexão.

Necessidade da Contabilidade Analítica — *Ora, de acordo com a lei, o processo da avaliação deverá ter em consideração a eficiência de organização e de gestão. O guião, no ponto subordinado a orçamentos, recomenda que, relativamente ao funcionamento dos cursos, se façam estimativas das verbas a eles afectas, provenientes do Orçamento do Estado (discriminadas em pessoal e outras) e das receitas próprias. Importa igualmente imputar as despesas de capital.*

A análise dos relatórios abrangeu não só a verificação de cálculos e estimativas sobre o custo por aluno, mas também as metodologias seguidas.

A debilidade com que este tema é tratado na maioria dos relatórios não pode deixar de constituir uma das mais sérias preocupações do CNAVES. Só por si, os resultados apresentados recomendam uma urgente reformulação do modelo de gestão, devendo ser criados instrumentos necessários à organização da Contabilidade Geral e da Contabilidade Analítica, segundo o modelo POC. Não é possível caminhar no sentido da eficiência da gestão sem a organização progressiva de centros de custos e a selecção dos indicadores considerados mais racionais e mais ajustados aos fins em vista.

Apesar de tudo, algumas universidades realizaram esforços no sentido de procederem ao cálculo do custo do funcionamento dos cursos sujeitos a ava-

liação, do custo por aluno e por diplomado, com vista a permitir análises comparadas, na mesma instituição e em instituições diferentes, mas os resultados acentuaram apenas as fragilidades conhecidas. Foram, em regra, iniciativas isoladas com alheamento da governação universitária.

*A este respeito, não podemos deixar de referir que, muito embora em diversos casos não tivesse sido possível obter a relação de despesas de pessoal **versus** despesas totais, a verdade é que nalgumas licenciaturas, onde isso foi possível, se verificaram valores percentuais dessa relação que não induzem qualidade no ensino.*

Por exemplo, em cursos similares de línguas os valores daquela relação atingem entre 87% e 95%; na Física variam entre 85% e 96% e na Economia entre 81% e 89%. O valor mais razoável surge para a Electrotecnia onde a relação se queda por 76%.

Dificuldade na adopção dum POC — *O CNAVES, ao analisar a questão crucial do modelo de gestão, verificou que a elaboração de um POC para as universidades tem sido abordada, por diversas vezes, pelo CRUP com o Governo mas sem qualquer êxito.*

A primeira tentativa, em 1989, traduziu-se na apresentação de um projecto de Plano Contabilístico para a Universidade, o qual foi remetido ao Ministério da Educação e, por seu intermédio, ao Ministério das Finanças e à Comissão de Normalização Contabilística.

A segunda tentativa deu origem a um novo projecto de POC, entregue ao Governo em 1994 mas, também, sem qualquer resultado visível.

Em 1996, foi criada uma nova Comissão, agora para estudar a problemática da flexibilização da gestão universitária, face à Lei da Autonomia das Universidades. No relatório apresentado em Maio de 1996, a questão da aprovação de um POC para as universidades públicas foi mais uma vez levantada, mas não se verificaram, ainda, quaisquer desenvolvimentos positivos.

Os resultados desta falta de política estão hoje à vista nos relatórios apresentados. Na impossibilidade de obter, por parte das entidades legalmente competentes, a aprovação de um modelo de POC adequado às universidades, cada instituição tem procurado resolver por si o problema, pelo que existem hoje diversas iniciativas com modelos criados sem qualquer coordenação, o que irá, a médio prazo, dar origem a graves dificuldades na comparação de índices e parâmetros de gestão financeira.

Esta situação é incompreensível, tanto mais que, na actual sociedade, o desafio da competitividade assume importância fundamental.

Para substanciar a preocupação mencionada, note-se que, dos trinta e cinco relatórios só onze apresentaram cálculos de custos. As oscilações nos custos aluno/ano em cursos iguais de Ciências situam-se entre 400 e 900 contos e, em cursos de Línguas, entre 130 e 500 contos.

Entre os cursos de Engenharia Electrotécnica, só um calculou o custo aluno/ano, correspondendo a 1400 contos.

Por esta simples amostra, que se multiplicou de forma idêntica nas outras fases do Primeiro Ciclo, se pode concluir que continua a ser necessária uma cuidadosa e urgente ponderação desta problemática.

Verificou-se ainda que só em seis relatórios, correspondentes a três universidades, há uma aproximação da Contabilidade Analítica.

A Universidade do Minho merece uma referência muito especial, pois implantou um modelo que abrange todas as actividades universitárias e unidades orgânicas e adoptou critérios de imputação uniformes. O Instituto Superior Técnico, da Universidade Técnica de Lisboa, adoptou igualmente um modelo credível, que vem aperfeiçoando, o que lhe permitiu apresentar um relatório anual de actividades e de contas de toda a instituição. São relevantes e conhecidos os progressos realizados neste domínio nas Universidades de Aveiro e da Beira Interior.

No que respeita à descentralização, têm sido tomadas algumas iniciativas nos últimos anos. A Universidade de Coimbra concedeu autonomia administrativa e financeira à Faculdade de Ciências e Tecnologia, no quadro da Contabilidade Pública.

Em síntese, uma mudança estrutural urgente a iniciar nas universidades é a alteração oficial do seu modelo de gestão, tanto mais necessária quanto é certo que os problemas de financiamento assumem uma actualidade cada vez maior e a qualidade e excelência das actividades está-lhe intrinsecamente associada."

Do que ficou dito, e tendo em atenção a necessidade de tornar transparente a questão financeira, por razões que parecem óbvias, há que tomar medidas claras para atingir esse objectivo. Para isso, importa que o próprio Governo, naturalmente interessado nos resultados da avaliação, por princípio, contribua de modo decisivo nesta clarificação.

3.2.7. A preparação técnica dos avaliadores

O lançamento do processo de avaliação, apesar dos encontros públicos realizados e de "sessões de esclarecimento" que se multiplicaram fez-se com peritos cujas competências científica e pedagógica lhes dava a autoridade necessária para serem reconhecidos pelos seus pares. Porém, um processo de avaliação, especialmente os pontos nevrálgicos que constituem a visita das Comissões de Avaliação Externa, bem como a elaboração dos relatórios finais e dos relatórios-síntese globais (RSG), implicaria que tivesse havido um esforço de preparação dos membros das Comissões. As competências científica e pedagógica não são sinónimo de uma boa avaliação, tendo-se constatado, em alguns casos, exemplos de pouca experiência em processos deste tipo. A tais exemplos deve acrescentar-se a dificuldade de coordenação de equipas, mais ou menos numerosas, de peritos que se subdividiam em Comissões de Visita, não se garantindo uma coerência nos relatórios elaborados para cursos semelhantes, havendo casos em que os Presidentes das Comissões demonstraram grande dificuldade em elaborar um RSG, dada a disparidade de critérios usados pelas diferentes Comissões de Visita. Deve referir-se que houve um esforço grande para ultrapassar estas deficiências, especialmente durante o Segundo Ciclo. Em especial, é de referir os encontros promovidos pelo então Presidente do Conselho de Avaliação da FUP (entre 1999 e 2002), durante os quais eram descritas experiências passadas e se discutiam procedimentos futuros. Infelizmente, a situação em pouco se alterou para melhor, podendo mencionar-se alguns casos em que foi impossível ao Presidente da Comissão elaborar o RSG! Este é um assunto que importa ser abordado prioritariamente, a bem do sucesso de qualquer processo de avaliação. Não parece possível continuar a aceitar certos comportamentos nem relatórios "pobres" ou inconsequentes que só contribuem para desacreditar a avaliação.

3.2.8. A concluir...

Tendo em conta que o primeiro ciclo de avaliação foi, por missão expressa, um ciclo experimental, e tendo em conta todos os comentários anteriormente desenvolvidos, importa, sobretudo, destacar, em termos conclusivos a vertente pedagógica, não só para apreciar a avaliação produzida, mas também a própria apreciação dos resultados do processo do Primeiro Ciclo.

Por esse motivo, a primeira questão a salientar é a da dimensão e complexidade do processo e das tarefas, associadas à novidade, ou pioneirismo, deste tipo de avaliação do ensino universitário, na globalidade da abordagem, no nosso país.

É imperativo salientar a capacidade organizativa e de visão a prazo que foi demonstrada no lançamento e acompanhamento de todo o processo.

Qualquer que seja a perspectiva e quaisquer que sejam as críticas, não restam dúvidas quanto à utilidade do processo, do ponto de vista da criação, nas instituições, de uma cultura de qualidade. Neste particular, a experiência revelou-se extremamente positiva, despertando consciências e trazendo para primeiro plano a questão.

Foram referidas atrás algumas dificuldades e erros de perspectiva e de concretização em domínios como os da calendarização e dos atrasos, da própria qualidade dos Relatórios de auto-avaliação e da avaliação externa e certos aspectos não contemplados. Foi, porém, a partir da análise crítica destes outros aspectos que foi possível avançar para o Segundo Ciclo, alargando os objectivos e o universo de entidades a serem avaliadas, assim como importantes melhorias em todos os aspectos focados no trabalho largamente referido, por Veiga Simão[2].

48 Avaliação – Contributos para a Reformulação

Em resumo, a experiência do primeiro ciclo tem um saldo largamente positivo que ultrapassa as deficiências apontadas, mas que necessitou de importantes alterações que tiveram eco no desenvolvimento gradual do segundo ciclo.

4. RELATÓRIO DO SEGUNDO CICLO DA AVALIAÇÃO

4.1. A transição do Primeiro para o Segundo Ciclo de Avaliação

4.1.1. O sistema de avaliação do ensino superior, criado pela Lei 38/94, de 21 de Novembro, implicou uma opção primeira, dentro do campo definido da sua "incidência" (Artº 3º, nº 1: o sistema de avaliação *"incide sobre a qualidade do desempenho científico e pedagógico das instituições de ensino superior, de acordo com a natureza e a tipologia do ensino, a preparação académica do corpo docente e as condições de funcionamento."*). Essa opção foi por uma ***avaliação de cursos*** e não uma avaliação institucional ou uma avaliação funcional, avaliação por áreas científicas, ou mesmo uma avaliação do sistema ele próprio. Quer o Primeiro Ciclo, considerado como experimental, quer o Segundo Ciclo que é objecto deste Relatório, seguiram esse padrão. Admite-se, é desejável, e espera-se que um Terceiro Ciclo adira a outros desenvolvimentos, se vier a concretizar-se.

Para o melhor entendimento e apreciação do trabalho desenvolvido importa não só ter presente esta opção como outras opções e condicionantes, quer de orientação quer de funcionamento, algumas, dela decorrentes, mas principalmente no que respeita à influência na finalidade principal apontada à avaliação (Artº 4º: *"Estimular a melhoria da qualidade das actividades desenvolvidas"*), isto é a ***avaliação da qualidade do desempenho***, fundada na análise, fundamentalmente pedagógica, embora não menosprezante das envolventes científica, que lhe subjaz, e de gestão, que a pode limitar.

Por isto, a avaliação, em termos do seu desenvolvimento, foi concebida e concretizada como um processo gradualista que permitisse a progressiva *integração das melhorias conceptuais e metodológicas, assim como operacionais*, que se fossem adquirindo e consolidando ao longo do tempo de todo o ciclo.

Do mesmo passo, e não menos importante, a importância concedida no sistema à *auto-avaliação* dos cursos, visando não só a preparação do material de base para a avaliação externa (aliás entendida esta – Cfr. Guião de Avaliação Externa (GAE) – com o objectivo de *"completar e comprovar o processo de Auto-Avaliação e a certificação dos seus resultados"*), mas igualmente a criação e sustentação de **estruturas de auto--avaliação** e das suas estratégias, num quadro de referências próprio, uma base de dados actualizável e um sistema de coordenação e execução interna com a participação dum máximo da comunidade académica da Universidade.

Isto é, o estímulo e desenvolvimento duma **cultura de avaliação**, como objectivo último, e duradouro, a atingir.

4.1.2. O Segundo Ciclo de Avaliação iniciou-se em 2000 (sendo o ano objecto ou de referência, o lectivo de 1999/2000, e o ano de avaliação 2000/2001) e tal aconteceu já sob a égide plena da orientação e coordenação do **Conselho Nacional de Avaliação do Ensino Superior (CNAVES)**, criado pelo Decreto-Lei nº 205/98, de 11 de Junho.

A experiência acumulada no Primeiro Ciclo, reportada em relatórios e em análises avulsas, permitiu a reunião de múltiplas sugestões, e até de consensos, para alterações a introduzir no Segundo Ciclo, tendo sido atribuída a incumbência do seu estudo e de proposta à *Comissão Especializada para a Qualidade da Avaliação, do* **Conselho de Reitores das Universidades Públicas (CRUP)**.

Na Figura 1 mostra-se um esquema do *Sistema de Avaliação do Ensino Superior Universitário.*

Figura 1

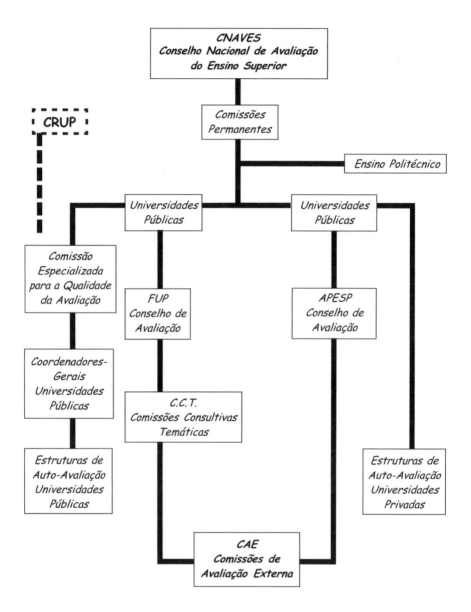

Ensino Superior Universitário – FUP/APESP – Relatório Final 51

Uma primeira grande diferenciação para este Segundo Ciclo teve a ver com a inclusão no campo da avaliação de todo o sistema universitário nacional, isto é com a integração das universidades privadas no mesmo processo, e nos mesmíssimos termos das universidades públicas.

Importa salientar que as idades diferentes dos subsistemas, público e privado, leva a que alguns dos cursos existentes ainda não tivessem atingido o tempo de avaliação.

Simultaneamente, também os cursos das instituições militares foram integrados no processo (a primeira a associar-se foi a Academia Militar, seguindo-se a Escola Naval e a Academia da Força Aérea). Mais tarde, já no Ano 5, o Instituto Superior de Ciências Policiais e Segurança Interna assinou um protocolo com a Fundação das Universidades Portuguesas para efeitos da avaliação externa do curso de Ciências Policiais.

Do trabalho da Comissão de Qualidade para a Avaliação resultou a elaboração de dois Guiões, um ***Guião da Auto-Avaliação (GAA)***, aprovado em reunião plenária do CNAVES de 01/03/2000, e um ***Guião da Avaliação Externa (GAE)***, aprovado em reunião plenária do CNAVES de 13/07/2000, mas também a apresentação de propostas de alteração do processo, de que se destacam:

a) uma nova *distribuição dos cursos a avaliar por áreas de formação*, com base na Classificação ISCED/CITE (International Standard Classification of Education/Classification International Type de l'Education) – Cfr. **Anexo B**, onde se registam, conjuntamente com outros dados, as áreas avaliadas, ano a ano;

b) *Propostas* no sentido de obter *ganhos de eficiência no processo*, visando em particular o objectivo de garantir a disponibilização em tempo útil dos resultados da avaliação, nomeadamente o objectivo essencial de conseguir que os resultados da avaliação dum certo ano-objecto, pudessem estar disponíveis no início do ano lectivo seguinte. Para isso houve que proceder a um esforço de concentração das diversas fases envolvidas no processo e de agilização do sistema logístico, nomeadamente dos fluxos de comunicação entre todos os intervenientes;

c) *Recomendações* para o acréscimo da *qualidade da avaliação* que, essencialmente, se traduziram nas propostas de introdução de *classificações de mérito dos cursos (níveis), por campos de apreciação*, com base na análise dos pontos fracos e fortes, e de elaboração, para além dos ***Relatórios de Avaliação Externa (RAE) individuais, por curso,*** dum relatório comparativo, o ***Relatório***

Síntese Global (RSG), por cada área de avaliação considerada. Diga-se desde já, no que respeita à atribuição de classificações, pelas dificuldades que se foram levantando, que se teve de submeter o processo a sucessivos ajustamentos ao longo do Ciclo, particularmente no que se refere à definição de conteúdo e significado dos campos de apreciação e dos níveis, e à harmonização do trabalho em anos sucessivos, entre as diversas Comissões de Avaliação Externa e no interior delas próprias.

4.2. Os cursos avaliados

4.2.1. Na estrutura do sistema foi concedido um papel fundamental aos **Conselhos de Avaliação, da Fundação das Universidades Portuguesas (FUP)**, pelas universidades públicas, e da **Associação Portuguesa do Ensino Superior Privado (APESP)**, *pelas universidades privadas*, cujos Presidentes são, por inerência, membros do CNAVES. Pelos Conselhos de Avaliação, e suas pequenas estruturas de apoio administrativo e logístico, passou toda a dinamização do processo, desde a elaboração da programação da actividade anual, calendário e preparação das acções de formação para auto-avaliação, e, mais tarde, das reuniões preparatórias de formação de avaliadores externos, até à disponibilidade constante para a troca de informação necessária e de alerta para o cumprimento dos prazos durante a realização dos Relatórios de Auto-Avaliação (RAA), e sua recepção, e ainda o trabalho relacionado com a constituição das Comissões de Avaliação Externa, e seu acompanhamento permanente. Posteriormente, a intervenção dos gabinetes de apoio dos Conselhos de Avaliação continua a verificar-se, aquando da recepção dos RAE, na sua entrega às Universidades para efeitos de procedimento contraditório, e, finalmente, no acompanhamento da elaboração, pelas Comissões de Avaliação Externa (CAE) dos Relatórios-Síntese Globais (RSG), *os quais em conjunto com as Respostas das Universidades e Relatórios de Avaliação Externa (RAE) individuais são depois enviados ao CNAVES e ao Ministério, e feita posteriormente a divulgação pública*, designadamente nas páginas da internet das entidades representativas.

O contacto e os fluxos de informação com as universidades públicas, realizou-se principalmente através dos *Coordenadores Gerais de Avaliação das Universidades*, mas também através duma figura criada durante o processo, o *Interlocutor do Curso*, o qual se tornou, para assuntos essencialmente técnicos, digamos assim, um elemento muito útil, na troca rápida de esclarecimentos entre os múltiplos intervenientes,

Ensino Superior Universitário – FUP/APESP – Relatório Final

em particular, e directamente, com as Comissões de Avaliação Externa. No caso das Universidades privadas, essencialmente pelas características próprias do subsistema, era menos complexa a circulação da informação e dos documentos, privilegiando-se o contacto directo com as entidades directamente encarregadas do processo, num acordo de partilha de tarefas entre a FUP e a APESP.

O Conselho de Avaliação da FUP, concentrou a parte operacional, digamos, de todo o processo, assim como a área administrativo-financeira.

4.2.2. Para fornecer uma ideia global da dimensão do processo, veja-se as Tabelas 1 e 2 e, ainda as Figuras 2 e 3.

Tabela 1
Número total de cursos avaliados – Segundo Ciclo

Ano	Nº de Cursos das universidades públicas	Nº de Cursos das universidades privadas	Total Cursos
1º ano	86	11	97
2º ano	141	59	200
3º ano	100	24	124
4º ano	49	32	81
5º ano	56	38	94
Totais	432	164	596

Tabela 2
Número total de avaliadores envolvidos – Segundo Ciclo

Ano	Avaliadores Académicos	Avaliadores Não Académicos	Avaliadores Estrangeiros	Total Avaliadores
1º ano	86	18	11	115
2º ano	131	26	16	173
3º ano	86	32	33	151
4º ano	43	16	16	75
5º ano	59	19	22	100
Totais	405	111	98	614

Figura 2

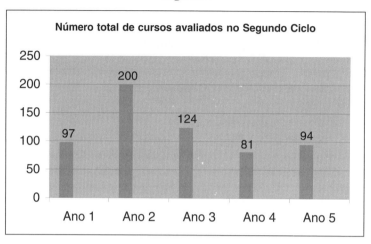

Figura 3

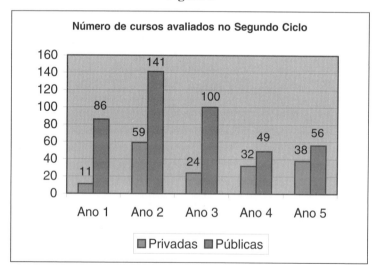

Conclui-se assim:

a) foram avaliados *cerca de 600 cursos (596), correspondendo, para o conjunto do Ciclo, aproximadamente 70% (432) a cursos das universidades públicas e 30% (164) às universidades privadas;*

b) participaram na avaliação **mais de *600 avaliadores (614), correspondendo 66%, a avaliadores académicos nacionais, 18%, a avaliadores nacionais, de fora da Universidade, do meio económico, social e cultural, e 16%, a avaliadores estrangeiros.***

Durante o Primeiro Ciclo foram avaliados 376 cursos, tendo-se recorrido a 367 peritos. O que significa que, neste Segundo Ciclo, o trabalho quase duplicou.

O processo foi concluído nos cinco anos inicialmente previstos, embora a previsão considerasse que o último, e 5º ano, se destinava apenas aos cursos que, durante o decorrer do processo, entrassem ainda em condições de poderem ser avaliados. Aconteceu que, por razões orçamentais, foi necessário subdividir o conjunto dos cursos a envolver no Ano 4, por dois anos, que vieram a ser o 4º e 5º anos.

O número de cursos que, assim, não foram avaliados por, no momento próprio (ano da entrada em avaliação da respectiva área, onde estavam inseridos), não terem condições para o efeito, isto é, não satisfazerem a regra de apenas avaliar cursos que tivessem completado dois anos de funcionamento, ou seja, duas gerações de licenciados entrados no mercado de trabalho, atingindo 126 nas instituições públicas e 103 nas instituições privadas.

Por outro lado, verificaram-se alguns casos de cursos que se recusaram a ser avaliados, não tendo submetido para o efeito os respectivos relatórios de auto-avaliação. Também um pequeno número de outros casos não entrou em avaliação, com fundamento em mudanças de designação ou de características e em alegadas reestruturações. E ainda houve situações, poucas, de não avaliação por as respectivas CAE terem considerado não estarem, para o efeito, em condições. De todos estes casos foi dado conhecimento à tutela, pelo CNAVES.

As Figuras 4 e 5 mostram a totalidade dos cursos avaliados, no conjunto dos 5 anos, pelas diversas instituições universitárias, públicas e privadas, destacando-se, pelo maior número, as três universidades públicas mais antigas e de maior pluralidade e abrangência de áreas científicas: Universidade do Porto, com 53 cursos avaliados, Universidade de Lisboa, com 51, e Universidade de Coimbra, com 48. Segue-se-lhe a Universidade Técnica de Lisboa, com 37 e a Universidade Nova de Lisboa, com 33. Nas universidades privadas registam-se, na maioria dos casos, números de 1-2 cursos e 3-4-5, sendo o número mais alto, o da Universidade Lusófona, com 19 cursos, a que se seguem a Universidade Autónoma, com 13, e as Universidades Fernando Pessoa e Independente, cada uma com 11 e a Universidade Lusíada, com 9.

Figura 4

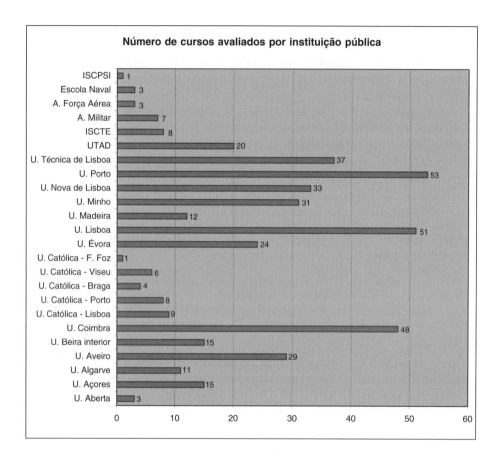

Figura 5

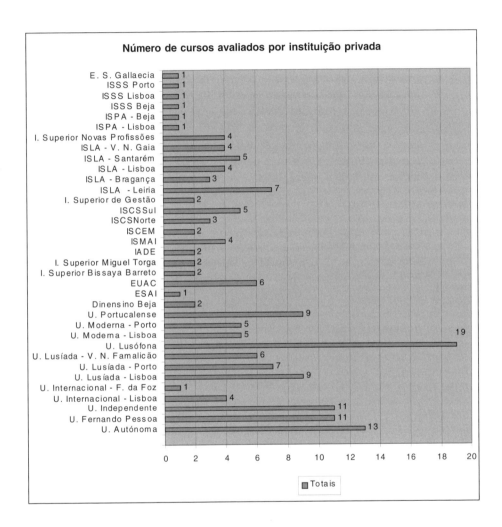

No **Anexo A**, na *Tabela A1*, apresenta-se informação detalhada sobre estes elementos, número de cursos em *universidade públicas e privadas e número e proveniência dos peritos envolvidos, ano a ano de avaliação, e por área de avaliação*. No **Anexo B**, apresenta-se a lista completa dos cursos avaliados por áreas e anos.

Duas notas apenas:

a) *o trabalho, em termos de número de cursos, foi mais pesado no 2º ano (200 cursos) e 3º ano (124).* O primeiro caso, deve-se à circunstância dos cursos da área da "Culturas, Línguas, Literaturas e Linguística", em número total de 72, terem sido colocados nesse ano. Os anos 4 e 5 são os de menor número de cursos avaliados, respectivamente 81 e 94, menos do que no 1º ano (97), pelo facto já referido de não ter sido levada por diante a sua avaliação num só ano, o que permitiria concluir o ciclo em 4 anos, como previsto inicialmente, ficando o 5º e último destinado à avaliação de cursos que no decorrer do período tivessem reunidos condições de ser avaliados.

b) *nas 44 áreas de avaliação externa consideradas, dois terços (66%) englobavam menos de 15 cursos.* Os casos acima deste valor são, por ordem, os seguintes (entre parênteses o número de cursos das instituições privadas): Culturas, Línguas. Literaturas e Linguística – 72 (9); Gestão - 50 (33); Ciência Física – 32 (0); Matemática e Estatística – 30 (6); Belas Artes e Design – 25 (9); Economia – 19 (6); Engenharia Civil – 19 (4); Economia – 19 (6); Direito – 18 (11); Biologia – 17(0); Química e Processos – 17 (1); Sociologia – 16 (5); Psicologia – 16 (10); História – 15 (3); Ciências e Tecnologias da Comunicação – 15 (8).

4.3. As Comissões de Avaliação Externa (CAE)

4.3.1. No centro nevrálgico do processo situam-se as **Comissões de Avaliação Externa (CAE),** cuja composição e processo de constituição requereram especiais cuidados. Desde um primeiro momento, embora se tenham verificado posteriores ajustamentos, para efeito do objectivo fixado no GAE (4.3.: As CAE *"procederão a uma análise crítica da situação, formularão sugestões objectivas e proporão iniciativas concretas relacionadas com a modernização e actualização dos cursos e, em geral, com melhorias da qualidade."*), foi estabelecido que as CAE seriam organizadas de molde a, consoante o número de cursos de cada área de formação considerada, se pudessem constituir duas ou mais subcomissões, compostas, em princípio, por *"um Presidente ou Vice-Presidente e três vogais, devendo procurar-se que dois sejam professores, um deles, se possível, leccionando no estrangeiro, e que um terceiro elemento seja exterior às Universidades".*

Cada subcomissão (identificada como uma Comissão de Visita), deveria avaliar em média 4 cursos, podendo ser 3 ou 5, quando as circunstâncias o exigissem. Cada curso implicava uma visita de dois dias. Foi esta a prática seguida até ao final do ciclo, com as adequações a cada situação superveniente, sob decisão dos Conselhos de Avaliação. O número de membros da CAE de cada área, somatório dos nomes não repetidos do conjunto das subcomissões, variou portanto muito. Desde casos dum mínimo inferior a 4 elementos em Teologia (2 cursos) até ao número de 10 ou mais, por exemplo, em Gestão, com 50 cursos, ou em Culturas, Línguas, Literaturas e Linguística, com 72 cursos.

Em muitos casos de particular especificidade de determinado curso ou cursos (ou de determinadas matérias), as CAE podiam ser assessoradas por especialistas para sua informação que, não sendo membros de pleno direito da CAE, se designaram, exactamente, como assessores. No conjunto dos 5 anos, foram 23.

Para a eficiência das CAE foi determinante o acompanhamento dos trabalhos por um secretário (a), em particular no coadjuvar do Presidente na coordenação da comissão, na elaboração de actas de reuniões, recolha de pareceres, propostas e relatórios das subcomissões e preparação de documentos-síntese, assim como na colaboração em parte dos relatórios finais e, muito em especial, no assegurar da organização e da logística das visitas institucionais, em cooperação próxima com os Gabinetes de Apoio dos Conselhos de Avaliação. O esquema da Figura 6 dá ideia breve das tarefas desenvolvidas no âmbito duma CAE.

Figura 6

Trabalhos das CAE

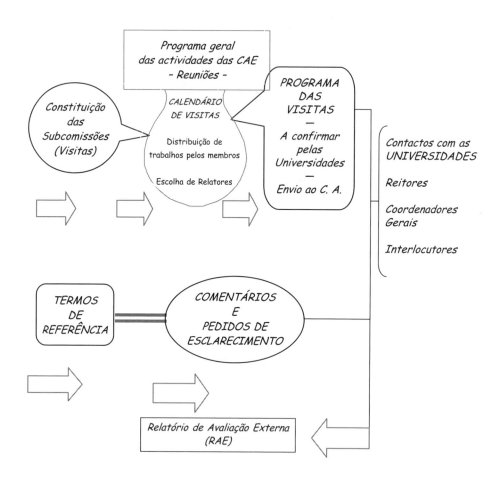

4.3.2. O processo de indigitação de nomes para as CAE procurou ser um processo tão rigoroso como fiável, embora, por essa razão, também de concretização demorada, quer pelo elevado número de passos que exige, quer pelo grande número de eventuais membros a envolver. Este objectivo, tanto quanto conseguido, resultou dum trabalho progressivamente mais concertado entre os Conselhos de Avaliação das Universidades Públicas e Privadas, através dos respectivos Presidentes.

No caso das universidades públicas, dada a experiência já havida do Primeiro Ciclo, e também ao maior número de cursos envolvidos, o processo interno de selecção dos nomes a propor ao CNAVES era alongado e determinava a consulta dos membros de *Comissões Consultivas Temáticas (CCT)* do Conselho de Avaliação, criadas para esse efeito, entre outras finalidades: o de sugerir nomes de professores, incluindo estrangeiros, e de individualidades exteriores à Universidade, nas diferentes áreas de conhecimento.

Pedia-se a estas CCT que fossem apresentadas sugestões de nomes para a constituição das CAE, de modo a constituir uma lista alargada de possíveis avaliadores, a partir da qual era elaborada uma proposta a apresentar ao CNAVES, acompanhada do "curriculum vitae" de cada elemento, para aprovação.

Deviam ser tidas em linha de conta as seguintes regras:

a) Os membros das CAE *não são representantes (nem devem considerar-se efectivamente como tal)* da instituição de origem pelo que, na sua escolha, devem prevalecer apenas considerações de mérito científico e pedagógico de cada um, no âmbito da respectiva área do conhecimento;

b) Aos nomes a sugerir *não pode ser dada indicação de qualquer garantia prévia da sua escolha,* na medida em que do universo de nomes sugeridos terá de ser feita uma selecção que se acorde ao número efectivo (menor ou muito menor do que os que poderão constar da lista alargada), necessário para constituir a CAE;

c) Cada instituição sugerirá apenas *nomes dum universo exterior* a si própria, acrescendo-se desse modo, a independência e credibilidade da opinião emitida pelo avaliador e, em consequência, fornecer ao mesmo tempo uma indicação do prestígio de que o nome sugerido goza na comunidade científica da respectiva área;

d) As individualidades que venham a constituir uma determinada CAE *não poderão participar na avaliação dos cursos da sua própria* Universidade, nos termos da Lei.

No caso das universidades privadas, seguem-se as mesmas regras; todavia, não existem aqui as CCT, sendo as matérias tratadas directamente com as instituições.

4.3.3. A designação do Presidente duma CAE é matéria de decisão prévia do CNAVES, sob proposta dos Presidentes dos Conselhos de Avaliação. Até 2002, o Presidente, depois de aceite pelo CNAVES, escolhia os membros das CAE. A partir desta data, por decisão do mesmo CNAVES, passaram os Conselhos de Avaliação a escolher os membros e a propôr a constituição completa para aprovação.

Para a visão global da qualidade e da representatividade científicas das escolhas no universo da comunidade académica nacional, registam-se a seguir os nomes dos Presidentes das respectivas Comissões (com referência ao ano da avaliação e ao número de cursos de cada Área - entre parênteses) de todo o ciclo de avaliação:

Ano 1 (2000/2001)

Teologia e Ciências Religiosas (2), José Alemany (numa fase final, Juan Laboa)
Filosofia (9), José Enes Cardoso
História (15), Luís A. de Oliveira Ramos
Biologia (17), Luís Archer
Bioquímica (3), Arsélio Pato de Carvalho
Matemática e Estatística (30), Fernando Dias Agudo
Engenharia Mecânica (10), Vasco Sanches da Silva e Sá
Engenharia Electrotécnica (11), Domingos Pereira de Moura

Ano 2 (2001/2002)

Culturas, Línguas, Literaturas e Linguística (72), Vítor Aguiar e Silva
Informática (11), António Dias de Figueiredo
Informática e Computação (7), José Esgalhado Valença
Informática de Gestão (10), José Marques dos Santos
Química e Processos (17), Virgílio Meira Soares
Engenharia de Materiais (13), Leopoldo Guimarães
Agricultura e Pescas (9), Pedro Lynce de Faria (mais tarde, Edgar de Sousa)
Gestão (50), Fernando de Jesus (com subdivisão em: Gestão F: Fernando de Jesus, Gestão A: Alberto de Castro, Gestão R: Rui

Conceição Nunes, Gestão V: Vítor Gonçalves, Gestão J: João da Silva Ferreira)
Engenharia e Gestão Industrial (11), António Guimarães Rodrigues

Ano 3 (2002/2003)

Ciência Física (32), Filipe Duarte Santos
Geologia (9), Manuel Maria Godinho
Engenharia Civil e Engenharia de Minas (19), António Correia Mineiro
Ciências do Desporto (10), António Paula Brito
Ergonomia, Reabilitação Especial e Psicologia Clínica (5), Kelo Correia da Silva
Farmácia e Ciências da Nutrição (7), Francisco Carvalho Guerra
Medicina Dentária (5), José M. Toscano Rico
Geografia e Planeamento Urbano (6), Carminda Cavaco
Engenharia do Ambiente (13), Carlos Borrego
Arquitectura e Arquitectura Paisagística (13), Mário Kruger
Ciências Militares (5), Manuel Jacinto Nunes

Ano 4 /2003/2004)

Economia (19), António Simões Lopes
Sociologia (16), João Freire
Antropologia (5), Jill Dias
Direito (18), Joaquim Gomes Canotilho
Ciência Política e Relações Internacionais (14), José Esteves Pereira
Medicina (5), Luís Silva Carvalho
Medicina Veterinária (4), Tito Horácio Fernandes

Ano 5 (2004/2005)

Ciências e Tecnologias da Comunicação (15), António Fidalgo
Psicologia (16), Adelina Lopes da Silva
Ciências da Educação (5), Albano Estrela
Belas Artes/Design (25), J. Lima de Carvalho
Música e Artes do Espectáculo (6), Gerhard Doderer
Turismo (3), João Albino Silva
Acção Social (9), Carlos Diogo Moreira
Formação de Professores em Educação de Infância e em Ensino Básico – Primeiro Ciclo (14), João Formosinho
Ciências Policiais (1), António Azeredo Lopes

64 *Avaliação – Contributos para a Reformulação*

No **Anexo C**, apresentam-se as listas completas das CAE, aprovadas pelo CNAVES e homologadas pelo Ministro da Tutela. As alterações ocorridas durante o processo, estão devidamente identificadas.

4.3.4. No resultado final da selecção de nomes para a constituição de cada CAE não será de estranhar encontrar-se um sentido de amostra equilibrada do universo da comunidade académica, na sua variedade científica e distribuição institucional e regional. Tal não resulta à partida dum critério intencional com vista à selecção, e portanto de um objectivo a atingir, mas confirma, em termos globais, uma garantia adicional de trabalho independente.

É de assinalar a importância e o significado da participação como membros das CAE de *individualidades de reconhecido mérito do meio económico, social e cultural, envolvente das universidades*, em áreas associadas à natureza dos cursos e da formação proporcionada. É ainda de destacar, até porque menos divulgada, e por vezes referida como motivo de desvalorização do processo e do próprio sistema, a dimensão da participação dos académicos de mérito internacionalmente reconhecido, vindos de universidades estrangeiras ou pertencentes a instituições não académicas mas de elevado prestígio.

Quanto à participação de *peritos com origem nas nossas universidades* (incluindo assessores, são 428), como pode ver-se na **Figura 7**, quatro delas forneceram cada uma, no conjunto do 2º Ciclo, mais de 50 professores: Universidade do Porto, 64; Universidade de Coimbra, 61; Universidade Técnica, 58; Universidade de Lisboa, 57. Seguem-se as universidades: Nova, 44; Minho, 33; Aveiro, 17; Évora, 15. As restantes atingem números inferiores, e as universidades privadas participaram, no seu conjunto, com 13. Como seria de esperar, o número de peritos proveniente das mais "antigas" é superior à das mais "recentes". Deve notar-se que algumas vezes os peritos académicos são reportados em relação às universidades-mãe, embora como jubilados ou reformados a exercerem funções noutras instituições.

Dum cruzamento das universidades de origem dos professores avaliadores com as áreas de avaliação consideradas, observa-se que a maior frequência é a de 1-2 avaliadores com a mesma origem por área, 3-4, em menor número de casos, verificando-se 5 ou mais avaliadores com a mesma origem universitária, apenas em 13 casos, como consequência da maior presença de cursos dessas áreas em número mais reduzido de Universidades e de, em muitas delas serem, simultaneamente, cursos mais recentes. São esses casos os das: Universidade do Porto, em Gestão, 8, em Engenharia Civil, 6, em Belas Artes e Design, 6, e em Ciência Física, 6; Universidade de Lisboa, em Cultura, Línguas, Literatura e Linguística, 10, em Matemática e Estatística, 5; Universidade de Coimbra, em Cultura, Línguas, Literatura e Linguística, 8, Matemática, 6; Universidade Técnica, em Gestão, 7, Agricultura, 5.

No que respeita à participação de *individualidades do meio envolvente da universidade*, tendo em vista colaborar numa apreciação da formação, do ponto de vista da procura dos licenciados, verifica-se uma presença dos valores percentuais, relativamente à totalidade dos peritos, a saber: 1° ano, 16%, 2° ano, 15%, 3° ano,21%, 4° ano,21%, e 5° ano, 19%. No conjunto dos 5 anos a percentagem de presença destes peritos é de 18%.

Figura 7

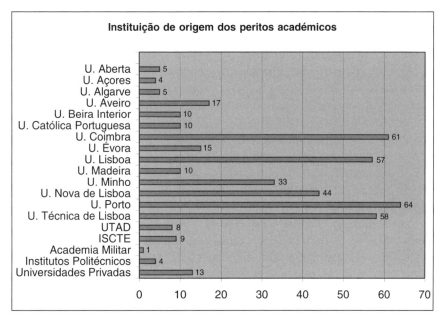

Estando estes valores relacionados com o número de cursos avaliados em cada área e as suas características, pode dizer-se que eles se traduzem por área na presença, mais frequente, de 2-3 individualidades, 1 ou mesmo nenhuma, nalguns casos, e 5 ou mais apenas nos seguintes 6 casos: Engenharia Civil e Minas, 8, Direito, 8, Gestão, 7, Biologia, 5,

Engenharia Mecânica, 5, Informática de Gestão, 5. E 4 individualidades, também em 6 casos: Economia, Informática e Gestão Industrial, Química e Processos, Arquitectura, Ciências e Tecnologias da Comunicação e Psicologia.

Foi dada a melhor atenção possível à importância da colaboração *de estrangeiros, na avaliação externa* (incluindo aqui portugueses a leccionar em universidades estrangeiras com permanência), com uma visão internacional actualizada, exigida para uma boa avaliação. Dados o contexto e as características da avaliação de cursos, tem-se considerado importante haver, por parte dos peritos estrangeiros, o indispensável entendimento do nosso sistema de ensino, e das suas subjacentes tradições culturais e estruturais (nem todas negativas, obviamente). Por outro lado, verificam-se resistências por parte de algumas instituições, fundadas na impossibilidade, consignada na Lei, de avaliação em língua estrangeira. E ainda pelos elevados encargos associados ao recurso a avaliadores estrangeiros, a intensidade da sua presença nas Comissões, não sendo dispicienda, também não pode dizer-se que tenha sido extraordinariamente elevada, como dificilmente se poderá dizer que foi suficiente ou insuficiente. Poderá, sim, afirmar-se, segundo várias opiniões, nomeadamente das próprias CAE que na grande maioria dos casos foi importante, tendo em alguns deles sido absolutamente necessária.

De qualquer modo, é de notar o acréscimo continuado que se verifica do início para o fim do Ciclo, o que prova a determinação em valorizar o *grau de internacionalização do processo*.

No conjunto do Segundo Ciclo e em pouco mais de 600 avaliadores, **98** vieram de instituições estrangeiras (nalguns casos, de instituições não universitárias), isto é, **16%**.

De entre os 11 países a que se recorreu, a maioria provém de Espanha (47), cerca de metade do total. Seguem-se: Brasil com 17 avaliadores, França com 10, Estados Unidos com 8, Reino Unido com 6 e Holanda com 4. Alemanha e Suécia contribuem com 2 avaliadores cada um, e a Suíça, Áustria e Itália, com 1. Da Comissão Europeia participaram dois avaliadores.

Na **Tabela A2 do Anexo A**, pode igualmente conferir-se a lista das instituições a que pertencem os avaliadores estrangeiros, 9 das quais não são instituições universitárias.

A maioria das CAE inclui 1 ou 2 peritos estrangeiros. Nas restantes, participaram 6, num caso (História); 5, em 3 casos (Química e Processos, Ciência Física e Psicologia); 4, em 4 casos (Engenharia Civil e

Minas, Arquitectura, Ciências e Tecnologias da Informação e Música e Artes do Espectáculo); 3, em 9 casos (Engenharia e Gestão Industrial, Culturas, Línguas, Literatura e Linguística, Ciências do Desporto, Farmácia e Ciências da Nutrição, Geografia e Planeamento Urbano, Economia, Sociologia, Ciência Política e Relações Internacionais).

Da observação da **Figura 8**, constata-se um processo sucessivamente mais internacional, bem como terem sido dados passos qualitativos e significativos na diminuição daquilo que algumas críticas, frequentes mas injustas, apelidaram de "endogamia" do sistema de avaliação. Se analisarmos bem, a participação como membros das CAE de avaliadores com origem exterior à universidade, isto é, de elementos vindos do meio económico-social e cultural e de membros de instituições estrangeiras, conclui-se de facto, pela importância relativa, nitidamente crescente, em valores que ultrapassam 40% nos últimos 3 anos.

Figura 8

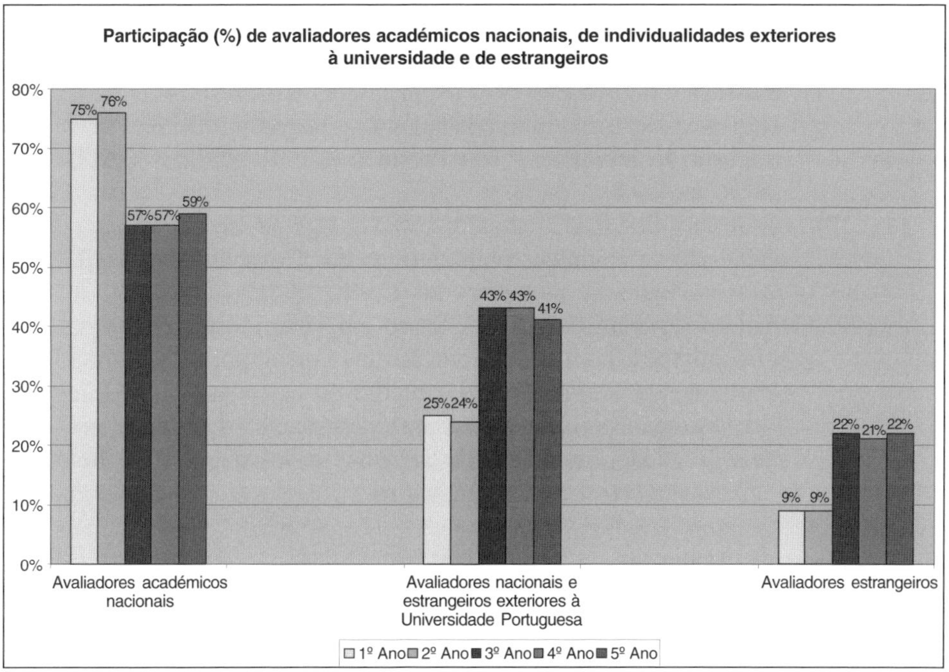

Participação (%) de avaliadores académicos nacionais, de individualidades exteriores à universidade e de estrangeiros

68 *Avaliação – Contributos para a Reformulação*

4.4. A programação dos trabalhos

4.4.1. Parece útil não deixar de abordar, no sentido do amplo conhecimento do que foi, e como foi, o Segundo Ciclo de Avaliação, o lado organizativo do processo, ao qual se deve o ter sido alcançado, com algum êxito, um dos objectivos impostos, quanto à obtenção de resultados em tempo útil.

A programação-tipo definida, no início, envolvia os seguintes passos fundamentais, quanto a tarefas e datas, variáveis estas, nalgumas situações em que houve que as adequar ao calendário escolar:

Ano Objecto

1) identificação dos cursos a avaliar no respectivo ano com audição das universidades – *Janeiro;*
2) constituição das Comissões Consultivas Temática (CCT) das áreas em causa (no caso das universidades públicas) – *Fevereiro;*
3) auscultação das universidades privadas;
4) reunião das CCT para o início dos trabalhos de constituição das Comissões de Avaliação Externa (CAE) – *Meados de Abril;*
5) realização de Acções de Formação para os responsáveis da Auto-Avaliação nas universidades – *Meados de Maio;*
6) proposta de indigitação dos Presidentes e Vogais das CAE – *até 30 de Junho;*
7) aprovação das CAE pelo CNAVES – *Até 31 de Outubro;*
8) realização de Reuniões preparatórias dos Conselhos de Avaliação com todos os membros das CAE;
9) início do trabalho das CAE, tendo em vista a organização das subcomissões, com a distribuição dos cursos por subcomissão (comissão de visita), estabelecimento do calendário das visitas e organização preliminar, variante, consoante os critérios próprios de cada Comissão, dos trabalhos a desenvolver até final – *30 Novembro a 31 de Dezembro.*

Ano da Avaliação

10) conclusão e entrega dos Relatórios de Auto-Avaliação no Conselho de Avaliação – Imperiosamente *até 10-15 de Janeiro;*
11) reunião das CAE para distribuição dos RAA, ajustamento de calendário de visitas e distribuição das tarefas, nomeadamente quanto à elaboração dos *Termos de Referência* das visitas,

como quadro director da avaliação – *nos sete dias seguintes à recepção dos RAA;*

12) envio de (eventuais) *Comentários e Pedidos de Esclarecimento* às Instituições – *até final da primeira semana de Fevereiro;*
13) respostas das Universidades aos Comentários e Pedidos – *até 25 de Fevereiro;*
14) VISITAS ÀS UNIVERSIDADES – *de 1 de Março a 30 de Abril;*
15) entrega dos Relatórios de Avaliação Externa (RAE) de cada curso – *até 15 de Junho;*
16) período de procedimento contraditório – *o mês seguinte à entrega;*
17) análise das *Respostas das Universidades* e elaboração dos *Relatórios Síntese Globais (RS) – até 31 de Julho;*
18) apresentação do conjunto dos Relatórios de Avaliação Externa, Respostas das Universidades e dos Relatórios-Síntese Globais ao Conselho Nacional de Avaliação – *até 15 de Outubro* – e posterior divulgação pública.

4.4.2. Desta longa sequência de fases do trabalho, cuja execução foi sucessivamente agilizada, reconhece-se na perspectiva da avaliação externa, que um dos pontos que merece uma referência é o de o período de visitas e elaboração dos RAE ser eventualmente demasiado apertado. De qualquer modo, importa reconhecer e acentuar o imenso trabalho que foi realizado por um conjunto muito alargado de intervenientes, do lado das universidades, como do lado dos avaliadores externos e dos pequenos gabinetes adstritos aos Conselhos de Avaliação. No Conselho de Avaliação da FUP, para além do Presidente e do seu adjunto, trabalham 6 funcionários, dois dos quais em tempo parcial. O Conselho de Avaliação da APESP, além do Presidente conta com 3 colaboradores, sendo estes comuns aos Conselhos de Avaliação privado, universitário e politécnico.

Mas o que mais importa é o extracto acumulado de experiência no domínio da avaliação que não vai poder ser ignorado no futuro.

No domínio da auto-avaliação, devem considerar-se muito positivos os esforços desenvolvidos no âmbito de estruturas de auto-avaliação, mesmo que incipientes e muito variadas, como aconteceu em muitos casos, para o momento da elaboração dum RAA, mas não aconteceu em muitos outros, que puderam ir consolidando gabinetes e especializando elementos, com finalidades ou destinos múltiplos, concebendo e concretizando bases de dados e exercitando metodologias de trabalho.

70 Avaliação – Contributos para a Reformulação

Foi possível, também, que todo o Segundo Ciclo já pudesse ter sido realizado com grande maioria da informação disponibilizada em suporte informático, embora se creia que muitas melhorias poderiam ter sido introduzidas e só o não foram, porque se quis garantir a manutenção duma metodologia uniforme dentro do mesmo ciclo.

Recorde-se que nos Relatórios de Auto-Avaliação – ver GAA – a informação relativa ao curso incluía dados, a grande maioria concentrada em Tabelas, sobre: 1) Génese e evolução do curso; 2) Estrutura do curso (Tabelas 5 e 6); 3) Funcionamento; 4) Alunos (Tabelas 7 a 12) ; Recursos Humanos (Tabelas 13 a 15) ; Recursos materiais e Recursos financeiros (Tabela 16) e ainda as respostas de Inquéritos de Opinião a docentes, alunos e antigos alunos. As tabelas 1 a 4 referem-se a elementos de "apresentação da instituição", como identificação institucional, espaços e equipamentos, e recursos financeiros.

No fundo, as informações a prestar destinavam-se a medir e interpretar:

a) a *Relevância* do curso, a sua justificação (pertinência) perante a sociedade e as estratégias e metas de desenvolvimento da Universidade, assim como a influência (impacte) interna e externa do curso;

b) a *Adequabilidade* dos critérios da organização científica e pedagógica e da sua flexibilidade às modificações de influência exterior;

c) as características dos alunos como *destinatários* do ensino (procura) e a sua progressão no sistema (efectividade de percurso);

d) e as condições dos *processos didáctico-pedagógicos* e da dimensão dos *recursos humanos, materiais e financeiros* utilizáveis.

Este conjunto de informação reunida é um vasto manancial agora disponível, com excepção particular para o caso dos recursos financeiros, contra cuja obtenção de dados se levantaram obstáculos intransponíveis, principalmente quanto à sua uniformidade e fiabilidade, por continuar a não existir (caso das Universidades Públicas) a contabilidade adequada.

E deve acrescentar-se, em particular na perspectiva dos intervenientes directos no processo, por parte das Universidades, que hão-de considerar-se de interesse as mais valias, com certeza adquiridas, sobretudo numa renovada visão crítica e transformadora sobre o ensino a que estão ligados. Mas também deve referir-se que, a este respeito, existe uma ideia generalizada de que se podia ir mais longe, mais alargadamente, com maior envolvência dos vários órgãos da gestão académica,

Ensino Superior Universitário – FUP/APESP – Relatório Final 71

e isto, não só para a auto-avaliação, mas também para a apreciação dos resultados da avaliação externa.

Em todo o caso, o processo de avaliação, no seu conjunto, deverá ser considerado como um caminho aberto no sentido do *reforço dos processos de auto-avaliação.*

É também de notar que, ainda na perspectiva de fechar o circuito da auto-avaliação/avaliação externa/resultados, foi prevista a apresentação, por parte das instituições e dois anos depois de concluída a avaliação de cada curso, de *relatórios intercalares,* que dessem respostas sobre a utilização dos resultados da avaliação, em particular das suas recomendações. Esses relatórios estão disponíveis no que respeita ao 1º ano do Segundo ciclo.

Cremos poder concluir-se a partir da visão de conjunto do processo de avaliação por cursos, dos modos e dos tempos em que foi concretizado, que o modelo, embora não estando esgotado nas suas potencialidades, deverá dar lugar a outros desenvolvimentos, no sentido duma avaliação integrada, por unidades funcionais ou áreas científicas, sendo para o efeito a experiência adquirida um factor de potenciação, igualmente positivo.

4.5. Os custos da avaliação

4.5.1. Num relatório como o presente espera-se que seja prestada informação sobre os custos do trabalho realizado. Como é conhecido, na sequência do sistema contratual em que se insere a avaliação, o seu financiamento, em acordo com o Protocolo celebrado em 19 de Junho de 1995, entre o Ministério da Educação, as Universidades (CRUP) e a FUP, como entidade representativa, seria suportado por aquele Ministério em 90%, cabendo às Universidades responsabilizar-se pelos restantes 10%. No caso das universidades privadas, foi igualmente assinado um protocolo, em 3 de Março de 1999, entre o Ministério da Educação e a APESP.

Os respectivos encargos da avaliação têm como componente predominante as remunerações das Comissões de Avaliação Externa e as suas despesas, de estadia, alimentação, deslocações e comunicações, em especial as ligadas às visitas.

Os custos de avaliação aqui apresentados, são os da avaliação externa, excluindo os encargos com os dois Conselhos de Avaliação.

Dada a grande dimensão que atingiu o processo, em número de cursos, e em consequência em número de intervenientes, mas principalmente como resultado da variedade de situações diferentes a exigirem tratamento equitativo, procurou integrar-se numa única fórmula-base os critérios de pagamento. Para o efeito, consideraram-se dois tipos diferenciados de trabalho:

a) o da preparação e realização de reuniões, plenárias e parciais, estudo de documentos, elaboração de relatórios, a remunerar numa base mensal;

b) o directamente ligado às visitas, fixado como remuneração única de visita. Em cada uma das actividades ou acções pode haver, e há, actuação diferente de cada membro da mesma Comissão, conforme a distribuição do trabalho feita, e para atender aos diversos factores intervenientes.

Para o efeito, foram fixados pelo CNAVES, dois valores que se mantiveram idênticos até ao fim do período. Um **h1**, honorário, com referência mensal, fixado para o elemento do topo da hierarquia, o Presidente da CAE, a partir do qual , por um factor de redução, se deduziam os honorários dos restantes elementos; e um **h2**, valor fixo por participação mínima em comissão de visita, na mesma base relativa: 750 euros, para **h1**, e 4000, para **h2**. Havia assim a vantagem de manter, através da fórmula, os mesmos critérios, e havendo justificação para alterações elas far-se-iam exclusivamente dando outros valores a **h1** e **h2**.

A fórmula de fixação do valor dos honorários assume a seguinte expressão:

$$H = (h1 \times m) \times fF1 \times fN1 + h2 \times fF2 \times fN2$$

Em que:

H – Honorários dum elemento da CAE

h1 – Componente-base dos honorários, com referência mensal, por participação nos trabalhos duma CAE

m – Número de meses de trabalho, num máximo de oito

h2 – Componente-base dos honorários por participação em Comissão de Visita

fF1 e **fF2** – Factores de correcção funcional: **fF1**, Presidente, 1.0, Vice-Presidente, 0.5, secretário, 0.5, Membro-Vogal, 0.25; **fF2**, Presidente de Comissão de Visita, 1.0, Membro-Vogal, 0.75, Assessor, 0.75, secretário, 0.5

fN1 e **fN2** – Factores de correcção pelo número de cursos avaliados:

fN1 – Base, 3 cursos; 1.0; por cada curso a mais, um acréscimo de 0.05;

fN2 – Base, 3 cursos = 3 visitas, 1.0, 1 curso, 0.3, 2 cursos, 0.6, para além de 3 cursos, um acréscimo de 0.25, por cada um, num máximo de 6.

No que respeita à outra componente dos custos da avaliação, reúnem-se numa só rubrica, designada *Despesas das CAE*, as despesas que, dado não se admitir uma solução do tipo "ajudas de custo", são as efectivamente pagas, directa (pelo Conselho de Avaliação) ou indirectamente (através dos secretários), para as deslocações, alimentação, estadias e comunicações.

4.5.2. Observando a **Tabela 3** (chama-se a atenção para que não estando nesta data ainda concretizados todos os pagamentos, se somam como parcelas de custo provisões para o efeito), é de salientar:

a) *o custo total da avaliação* atingiu um valor aproximado de *6 milhões de euros, sendo 85% atribuíveis aos gastos em honorários e 15% às despesas das CAE;*

b) *os custos anuais da avaliação* cifraram-se em valores que variaram entre, em termos aproximados, *0,8 milhões de euros* e, num caso excepcional (Ano 2, com um muito maior número de cursos avaliados), *1,5 milhões de euros;*

c) Para o conjunto do período, e em relação para o custo total por ano, os encargos com *honorários* variam de um mínimo de 79% (no Ano 1) a um máximo de 88% (no Ano 3), enquanto as *Despesas* das mesmas CAE, têm uma variação anual de 12% (no Ano 3) e 21% (no Ano 1).

Quanto a valores médios:

a) o *custo médio da avaliação por curso* assume, no conjunto dos cinco anos, um valor aproximado de **10 000 euros**, variando dum valor mais baixo de 7 760 euros (Ano 2) a um valor mais alto de 10 570 euros (Ano 3)

b) o *custo médio da avaliação por perito* (chama-se a atenção para o facto de, neste cálculo, serem incluídos não só os membros das CAE, mas também os assessores), no conjunto dos 5 anos, cifrase num valor aproximado de **9 000 euros.** No Ano 4, atinge o valor mais elevado, de 10 479, e o mais baixo, no Ano 3, de 8 680.

Tabela 3
Custos da avaliação no Segundo Ciclo

Valores totais por componente de custo (Euros)			
Anos de Avaliação	Comissões de Avaliação Externa (CAE)		
	Honorários	Despesas das CAE	Total
Ano 1 (2000-2001)	848.954	225.506	1.074.460
%	79	21	100
Ano 2 (2001-2002)	1.348.983	203.014	1.551.997
%	87	13	100
Ano 3 (2002-2003)	1.154.218	156.451	1.310.669
%	88	12	100
Ano 4 (2003-2004)	698.316	108.558	806.874
%	86	14	100
Ano 5 (2004-2005)	827.525	152.626	980.151
%	84	16	100
Total (5 anos)	4.877.996	846.155	5.724.151
%	85	15	100

Valores médios por curso e por perito				
ANOS	Número de Cursos	Número de Peritos[6]	Custo Médio por Curso	Custo Médio por Perito
Ano 1	97	122	11.077	8.807
Ano 2	200	177	7.760	8.768
Ano 3	124	151	10.570	8.680
Ano 4	81	77	9.961	10.479
Ano 5	94	110	10.427	8.910
Nos 5 Anos	596	637	**9.604**	**8.986**

---

[6] Inclui Assessores.

4.6. Os resultados da avaliação

4.6.1. Ao questionarmo-nos sobre a utilidade do trabalho de avaliação levado a cabo, deve ter-se em conta não só os objectivos gerais e especiais definidos pela Lei, mas igualmente os pressupostos e os critérios que tiveram de ser estabelecidos para dar exequibilidade ao processo e, assim, as normas orientadoras que vieram a ser fixadas, por aprovação do CNAVES, no respectivo Guião de Avaliação Externa.

A este respeito, convém recordar que a Lei enuncia as finalidades da avaliação em quatro vertentes:

- *Estimular a melhoria da qualidade*
- *Informar e esclarecer a comunidade educativa e a comunidade portuguesa em geral*
- *Assegurar um conhecimento mais rigoroso e um diálogo mais transparente entre instituições do ensino superior*
- *Contribuir para o ordenamento da rede de instituições do ensino superior.*

Convém, a propósito, distinguir entre *resultados da avaliação*, aquilo a que os relatórios finais produzidos, tendo em conta aquelas finalidades, podem e devem responder, melhor ou pior, e as *consequências da avaliação*, também enunciadas na Lei, quer num sentido positivo, de estímulo e apoio, quer num sentido sancionatório. Neste caso, num nível de análise e decisão que ultrapassa a responsabilidade directa do próprio processo de avaliação. E é neste ponto que, por vezes, alguns equívocos têm dominado o afloramento público desta questão.

De qualquer modo, justifica-se fazer alguns comentários aos resultados da avaliação tal como foram alcançados e estão publicamente apresentados.

Em primeiro lugar, tendo o processo, como já se referiu, sempre sido entendido para ser seguido com progressividade, embora já não como processo experimental, é neste domínio da objectivação dos resultados, da gradualidade da harmonização de critérios e acerto de interpretações entre, e no interior das Comissões de Avaliação, que provavelmente mais isso se verificou ao longo do Ciclo.

Assim, de início, não foi imposta uma lista rígida de *campos de avaliação*, nem de indicadores, tendo apenas sido sugerida uma, admitindo ajustamentos, como igualmente não foi imposta a aplicação duma expressão quantitativa para traduzir a opinião final sobre o curso, ou sobre componentes dessa opinião, tendo igualmente, e apenas sido sugerido, para interpretar os "pontos fracos" e os "pontos fortes" de cada campo individualizado, a adopção de quatro níveis de apreciação, A, B, C, D.

Do mesmo passo, no entanto, estatuía-se que "Nenhuma tentativa de classificação global é necessária, sendo de excluir tentativas de ordenação ("ranking") dos cursos avaliados". Relativamente a este ponto, a posição quanto aos "rankings" manteve-se até ao fim, por razões óbvias, e na generalidade, aceites e compreendidas. Nem se considerou nunca que fosse esta a sede própria para se proceder à análise e fixação dum resultado de sentido absoluto.

4.6.2. Quanto ao ponto precedente, das modificações ou ajustamentos introduzidos ao longo do período, digamos em resumo:

a) No 1º ano verificou-se uma exagerada dispersão dos critérios utilizados pelas diferentes CAE, porquanto, como se referiu, foi deixada uma margem de auto-decisão demasiado larga às Comissões. E daí as conclusões que existem terem um padrão ainda predominantemente qualitativo, limitando as possibilidades de comentários mais enquadrados e sistematizados, quando se compara este ano com outros anos de avaliação.

b) O 2º ano foi, entretanto, um ano essencial para fundamentar alterações de harmonização de apresentação de resultados, sobretudo dirigidas para os seguintes dois objectivos:

1) fixar *uma lista de "campos de apreciação"* mais adequada e generalizadamente aplicável a todas as CAE

2) fixar *cinco "níveis de classificação",* ou *"níveis de apreciação"*: A – Excelente, B – Muito Bom, C – Bom, D – Suficiente, E – Insuficiente, com um significado mais objectivo e mais independente da especificidade das áreas.

c) Nos 3º, 4º e 5º anos, muito especialmente nos 4º e 5º, ficou estabilizada esta sistematização, e, na grande maioria dos casos, foi quase integralmente seguida.

Isto foi possível a partir do trabalho de estudo e fundamentação realizado nalguns dos bons relatórios apresentados no 2º ano, com posterior sistematização, de molde a poder ter-se chegado a um conjunto de orientações que foram transmitidas às Comissões e prosseguidas até final do Ciclo.

Os *Campos de Apreciação* definidos são os seguintes:

1. *Organização institucional*
2. *Objectivos do curso*
3. *Plano de Estudos*
4. *Conteúdos programáticos*
5. *Alunos*
6. *Processo pedagógico*
7. *Corpo docente*
8. *Pessoal não docente*
9. *Instalações*
10. *Recursos financeiros*
11. *Relações externas e internacionalização*
12. *Ambiente académico*
13. *Gestão da qualidade*
14. *Empregabilidade*

A definição do sentido e do conteúdo destes "campos" apresenta-se no *Anexo D*, embora obviamente, consoante a natureza das áreas científicas e do livre entendimento e das idiossincrasias de cada Comissão, na pluralidade dos seus componentes, não se tenha chegado, naturalmente, a uma homogeneidade perfeita. Simultaneamente, como já se referiu, a inexistência de factores de ponderação credíveis que informem sobre o peso relativo de cada um dos campos, leva a chamar a atenção, mais uma vez, para a recomendação feita no sentido da não atribuição das classificações globais por curso.

Igualmente, dentro destes mesmos condicionamentos perturbadores da homogeneidade, foram fixados *5 níveis de apreciação*, a que pareceu dever-se atribuir uma definição de sentido muito lato, mais uma sugestão de fronteiras para aumentar a possibilidade de convergência das opiniões específicas próprias, organizativas, científicas ou pedagógicas, das diferentes áreas, para um esforço de conclusão em termos comuns. Por outro lado, entenda-se o valor de relatividade dessa conclusão, verdadeiramente aceitável apenas no âmbito de cada uma das Comissões, e não das Comissões, em conjunto. Apesar das tentativas em obter consensos internos a este respeito, em muitas CAE, e para alguns campos, por um ou outro motivo, não foi possível, ou não se quis, com justificação por parte da respectiva Comissão, fazer a atribuição de níveis. Isto verificou-se mais no 3º ano, na medida em que, já no 4º e 5ª anos, o grau de resposta foi bastante elevado.

Os cinco níveis de apreciação e a sua definição são como se segue:

A – *Excelente*

B – *Muito Bom* – Sem problemas estruturantes detectados, com eventuais pequenos problemas de importância secundária para a organização e funcionamento

C – *Bom* – Pode haver pequenos problemas de alguma relevância para a organização e funcionamento do curso, mas resolúveis ao nível do Departamento ou da Coordenação do Curso

D – *Suficiente* – Problemas estruturantes detectados que implicam intervenção de nível mais elevado, mas onde se encontra dinâmica positiva que admite a sua ultrapassagem a curto prazo

E – *Insuficiente* – Graves deficiências, algumas de natureza estrutural, com reduzidas perspectivas de recuperação imediata.

4.6.3. Como temos lembrado, a análise dos resultados da avaliação no sentido de retirar as eventuais consequências, ou mesmo só os ensinamentos úteis, não é competência própria dos Conselhos de Avaliação, mas parece de interesse salientar alguns aspectos que mostram a capacidade desenvolvida por todos os intervenientes durante o processo, assim como a maior ou menor relevância dos resultados. Ao nível individualizado dos cursos professados a fonte essencial são os RAE e, numa perspectiva de visão conjunta das áreas de conhecimento ou de formação, os RSG, são a base adequada para a análise comparativa. O conhecimento directo e completo destes relatórios, nas suas explanações, fundamentos e conclusões, e não só a vista de olhos curiosa pelas classificações, é o que se recomenda para uma séria análise dos resultados, recomendações e sugestões da avaliação.

Não parece possível, entretanto, sem o aflorar de alguma frustração, passar adiante, aqui, e não fazer um comentário geral sobre os resultados obtidos, não na perspectiva individualizada dos cursos avaliados, mas na globalidade dos cursos, dos campos e dos anos, que pode permitir ilações sobre o quadro estrutural e conjuntural do "estado" do ensino e, por outro lado, sobre a própria "qualidade" da avaliação feita.

O esforço dispendido para *acrescer o grau de mensurabilidade* dos resultados também obriga, e merece, que se explorem algumas vias de percepção do pendor positivo ou negativo para onde tende o universo dos cursos avaliados.

Para isso justifica-se fazer uma observação sobre a variação *das opiniões finais dos avaliadores,* quanto aos "níveis", nos diferentes "campos de apreciação", não por cursos individuais, mas em bloco, no conjunto dos cursos em que houve classificação.

Vamos pôr de lado, para este efeito, os dois primeiros anos, o 1º, porque só permite uma análise de teor mais qualitativo, embora possível e útil mas diferente da que vai ser encetada, e o 2º, porque falha um mínimo de harmonização, entre as diferentes comissões, quanto ao número de campos e de níveis de classificação, embora contenham em muitos casos informação quantitativa (que serviu de base, muito sustentada, aliás, a toda a harmonização posteriormente feita).

Essencialmente, vamos fazer esta apreciação com base no que se retém dos resultados dos 4º e 5º anos, em que se concretizou, a nível muito aceitável, essa sistematização e harmonização da metodologia de apresentação (175 cursos) e, ainda, num esforço para alargar o universo da análise, juntando-lhe os resultados do 3º ano (o que leva a 299 cursos, mais de metade do total). No caso do 3º ano, não vamos considerar três áreas, a de Geografia e Planeamento, de Arquitectura e a de Medicina Dentária, nos quais aliás foi feito um trabalho de mensurabilidade valioso a todos os títulos, da fundamentação à expressão final, mas não comparável com as outras áreas, por fazer classificações por subdivisão em múltiplos subcampos de apreciação, que não é possível agregar às restantes áreas (cursos).

Mas, igualmente para acrescer a homogeneidade, limitaremos a observação, não ao que pode resultar especulado de todos os campos de apreciação, mas apenas de alguns, sempre respondidos nos 4º e 5º anos, e que nos parecem suficientes e significativos dentro dos limites dos comentários. Nos 4º e 5º anos, apenas é generalizadamente não respondido o campo "Recursos financeiros", e, num caso único, duma área de 5 cursos, o campo "Ambiente académico".

Os campos considerados, para efeitos instrumentais, definidos aqui de forma resumida, foram apenas os seguintes:

1) *Organização institucional,* que se refere aos aspectos de integração do curso, sua estratégia, e compreensão da missão institucional; organização interna, envolvimento e empenho dos órgãos da instituição.

2) *Objectivos do Curso,* que diz respeito à identificação dos objectivos do curso, clareza da sua especificação, relevância de cada um, suas opções, numa perspectiva de mercado de trabalho, com informação demonstrativa a propósito.

80 *Avaliação – Contributos para a Reformulação*

3) *Plano de Estudos:* metodologia da conceptualização curricular, áreas científicas cobertas e sua composição relativa, na correspondência aos objectivos do curso, formação resultante e a sua potenciação da capacidade inovadora/receptora dos alunos, juízo sobre a metodologia e a organização correspondente.

4) *Alunos (Procura, Sucesso Escolar):* indicadores vários sobre ingressos, candidatos/vagas, níveis, estratégias de captação, sucesso escolar.

5) *Corpo Docente,* quanto a qualificação, vínculo, rácios professores/alunos, doutorados, participação em investigação/ensino, motivações.

6) *Instalações e equipamentos:* disponibilidades e qualidade da tipologia dos espaços e equipamentos, graus de utilização.

7) *Relações Externas e Internacionalização:* interacção com a comunidade envolvente e intercâmbio e mobilidade internacionais, na investigação, na prestação de serviços, estruturas institucionais operativas para a internacionalização.

8) *Gestão da Qualidade,* na perspectiva da existência de estruturas e mecanismos de promoção e controle da qualidade, prática sistemática de actividades de auto-avaliação.

Esta selecção de 8 campos, põe, pois, de lado os restantes 6, que são: Conteúdos programáticos, Processo pedagógico, Pessoal não docente, Recursos financeiros, Ambiente académico, Empregabilidade.

4.6.4. Na **Tabela 4** reúnem-se os valores de percentagens calculadas entre o *número de casos (cursos) classificados, num determinado campo de apreciação, com um nível – A a E –, e o número total de casos avaliados nesse campo,* para o conjunto das 8 áreas de avaliação e dos 3 anos considerados.

Com a prevenção de que a leitura desta tabela deve ter em conta que a informação contida nas percentagens, em cada um dos campos de apreciação, provém de um conjunto diferente de cursos englobados, obtém-se um visão geral dos resultados ao observar as seguintes variações:

a) *Insuficiente,* entre 5 e 11%.

b) *Suficiente,* entre 10 e 17%.

c) *Bom,* entre 13 e 31%.

d) *Muito Bom,* entre 21 e 38%.

e) *Excelente,* entre 9 e 24%.

Tabela 4
Níveis de classificação nos diferentes *campos de apreciação*

Níveis de apreciação	Excelente	Muito bom	Bom	Suficiente	Insuficiente	
Campos de apreciação	Percentagens					
1. Organização Institucional	16	38	29	10	7	100
2. Objectivos do Curso	22	34	23	16	5	100
3. Planos de Estudo	15	33	31	17	4	100
4. Alunos	15	36	26	14	9	100
5. Corpo Docente	24	21	27	17	11	100
6. Instalações e Equipamentos	21	28	24	16	11	100
7. Relações Externas e Interna-cionalização	22	27	27	14	10	100
8. Gestão da Qualidade	9	36	31	15	9	100

Se, a título de tentativa simples de validação das observações, aqui avançadas, calcularmos estas percentagens apenas para os dois anos (4º e 5º), onde a homogeneidade de situações é mais elevada, os valores obtidos não são substancialmente diferentes. Pela mesma ordem, encontramos os seguintes intervalos de variação: Insuficiente, entre 7 e 17%; Suficiente, entre 12 e 22%; Bom, entre 26 e 37%; Muito Bom, entre 19 e 33%; Excelente, entre 3 e 14%. O que se verifica é o aumento dos intervalos de variação para as apreciações mais baixas (Insuficiente e Suficiente) e redução para as mais altas, o que poderá resultar, obviamente, da natureza e qualidade intrínsecas dos cursos, mas também da maior homogeneidade, afinamento e rigor de aplicação dos critérios.

Ainda com o mesmo objectivo, se, também para estes dois últimos anos, fizermos o ensaio não para oito campos de apreciação mas para a totalidade dos campos (13, e não 14, dado não haver resultados do item "Recursos financeiros"), encontramos intervalos das percentagens com um sentido aproximado: Insuficiente, variação entre 4 e 12%; Suficiente, entre 10 e 22%; Bom, entre 23 e 44%; e Muito Bom, entre 21 e 38%; Excelente, 1 e 24%.

82 *Avaliação – Contributos para a Reformulação*

Agora, para além desta observação geral, e na perspectiva duma análise mais profunda, ao nível dos cursos e da respectivas classificações por campos, conciliada indispensavelmente com a análise cuidada dos relatórios, RAE e RSG, é importante dizer que o objectivo de retirar consequências dos resultados é possível e desejável, possível pela qualidade geral dos documentos disponíveis, e desejável, por permitir tornar verdadeiramente útil o trabalho feito.

Importa é estabelecer a metodologia dessa apreciação e de "quem" se encarregue de a fazer?

E, repetindo, apesar das insuficiências inerentes às bases deste comentário, sobre o que não restam dúvidas é quanto à necessidade de olhar criticamente para a situação de alguns aspectos do funcionamento das nossas Universidades. Claramente, há items ou campos de apreciação, cuja incidência de resultados entre Bom e Insuficiente é demasiado elevada para ser ignorada, tanto pelas instituições como pela tutela. Queremos crer que, se a legislação em vigor fosse aplicada, as instituições tinham de dar atenção aos aspectos menos positivos. Infelizmente é nossa experiência que os aspectos claramente expressos nos relatórios nunca foram objecto de apreciação, discussão e actuação por parte de muitas instituições e, em especial, por parte do Governo.

Este relatório dá resposta, por exemplo, a algumas críticas que referem a falta de internacionalização do processo de avaliação. Os dados nele apresentados, não só desmentem essas afirmações, como desafiam os críticos a apresentar fundamentos para provar o que afirmam. Estranha-se por isso certas afirmações por parte de responsáveis, sobre a irrelevância do trabalho desenvolvido ao longo destes últimos dez anos. Com efeito, foram eles que não fizeram o trabalho que lhes competia, vindo, agora, a assacar ao actual processo de avaliação a responsabilidade da sua inoperância/inconsequência.

Dezembro de 2005

O Presidente do Conselho de Avaliação da FUP

Prof. Doutor Virgílio Meira Soares

O Adjunto do Presidente do Conselho de Avaliação da FUP

Prof. Doutor António Monteiro Alves

O Presidente do Conselho de Avaliação do Ensino Universitário da APESP

Prof. Doutor Vítor Crespo

ANEXOS

ANEXO A

Tabelas A1

**Número de cursos avaliados e de peritos envolvidos
por anos e por áreas de formação**

Ano 1
Número total de cursos avaliados e de peritos envolvidos

Comissão de Avaliação Externa	Nº de Cursos Univ. Públicas	Nº de Cursos Univ. Privadas	Total Cursos	Peritos Académicos	Peritos Não Académicos	Peritos Estrangeiros	Assessores	Total Peritos
Teologia e Ciências Religiosas	2	–	2	2	–	1		3
Filosofia	9	–	9	9	2	–	2	13
História	12	3	15	14	–	5	1	20
Bioquímica	3	–	3	3	1	1		5
Biologia	17	–	17	16	5	–		21
Engª Electrotécnica	9	2	11	8	3	2	1	14
Engª Mecânica	10	–	10	11	5	–	3	19
Matemática e Estatística	24	6	30	23	2	2		27
Totais	**86**	**11**	**97**	**86**	**18**	**11**	**7**	**122**

Ano 2
Número total de cursos avaliados e de peritos envolvidos

Comissão de Avaliação Externa	Nº de Cursos Univ. Públicas	Nº de Cursos Univ. Privadas	Total Cursos	Peritos Académicos	Peritos Não Académicos	Peritos Estrangeiros	Assessores	Total Peritos
Agricultura e Pescas	9	–	9	9	2	–		11
Informática	7	4	11	9	3	–		12
Informática de Gestão	3	7	10	6	5	–		11
Informática e Computação	6	1	7	6	1	1	1	9
Engª e Gestão Industrial	8	3	11	8	4	4		16
Engª de Materiais	12	1	13	10	–	2		12
Química e Processos	16	1	17	10	4	5	3	22
Gestão; Administração e Marketing	17	33	50	41	7	1		49
Culturas, Línguas Literaturas e Linguística	63	9	72	32	–	3		35
Totais	141	59	200	131	26	16	4	177

Ano 3
Número total de cursos avaliados e de peritos envolvidos

Comissão de Avaliação Externa	Nº de Cursos Univ. Públicas	Nº de Cursos Univ. Privadas	Total Cursos	Peritos Académicos	Peritos Não Académicos	Peritos Estrangeiros	Assessores	Total Peritos
Ciência Física	32	–	32	24	1	5	–	30
Geologia	9	–	9	7	3	2	–	12
Engª Civil e Engª de Minas	15	4	19	13	8	4	–	25
Ciências do Desporto	7	3	10	5	3	3	–	11
Ergonomia, Reabilitação e Psicologia Clínica	2	3	5	6	2	1	–	9
Farmácia e Ciências da Nutrição	4	3	7	4	3	3	–	10
Medicina Dentária	3	2	5	5	–	2	–	7
Geografia e Planeamento	6	–	6	6	2	3	–	11
Engª Ambiente	10	3	13	7	3	3	–	13
Arquitectura/Arquitectura Paisagista	7	6	13	7	4	4	–	15
Ciências Militares	5	–	5	2	3	3	–	8
Totais	**100**	**24**	**124**	**86**	**32**	**33**	**–**	**151**

Ano 4
Número total de cursos avaliados e de peritos envolvidos

Comissão de Avaliação Externa	Nº de Cursos Univ. Públicas	Nº de Cursos Univ. Privadas	Total Cursos	Peritos Académicos	Peritos Não Académicos	Peritos Estrangeiros	Assessores	Total Peritos
Economia	13	6	19	13	4	3		20
Sociologia	11	5	16	11	–	3		14
Antropologia	4	1	5	4	–	1		5
Direito	7	11	18	6	8	2		16
Ciência Política e Relações Internacionais	5	9	14	5	3	3	1	12
Medicina	5	0	5	2	1	2		5
Medicina Veterinária	4	0	4	2	–	2	1	5
Totais	49	32	81	43	16	16	2	77

Ano 5
Número total de cursos avaliados e de peritos envolvidos

Comissão de Avaliação Externa	Nº de Cursos Univ. Públicas	Nº de Cursos Univ. Privadas	Total Cursos	Peritos Académicos	Peritos Não Académicos	Peritos Estrangeiros	Assessores	Total Peritos
Ciências e Tecnologias da Comunicação	7	8	15	8	4	4		16
Psicologia	6	10	16	9	4	5		18
Ciências da Educação	4	1	5	4	–	1		5
Belas Artes/Design	16	9	25	13	3	–	10	26
Música e Artes do Espectáculo	6	–	6	5	–	4		9
Turismo	1	2	3	2	1	1		4
Acção Social	1	8	9	6	2	3		11
Formação de Professores em Educação de Infância e em Ensino Básico – 1º Ciclo	14	–	14	9	4	3		16
Ciências Policiais	1	–	1	3	1	1		5
Totais	56	38	94	59	19	22	10	110

Tabelas A2
País e instituição de origem dos peritos estrangeiros

Ano 1

Teologia e Ciências Religiosas	História	Bioquímica	Engª Electrotécnica	Matemática e Estatística
Universidade Pontifícia de Comillas – Madrid – **Espanha**	U. Poitiers – **França**	U. Leeds – **U.K.**	U. Flórida - **EUA**	U. Aachen - **Alemanha**
	U. Sorbonne – **França**		U. Politécnica de Madrid – **Espanha**	U. Bielefeld - **Alemanha**
	U. Sevilha – **Espanha**			
	U. Complutense Madrid – **Espanha**			
	U. Santiago de Compostela – **Espanha**			

Ano 2

Informática e Computação	Engª e Gestão Industrial	Engª de Materiais	Química e Processos	Gestão, Administração e Marketing	Culturas, Línguas, Literaturas e Linguística
U. Pennsylvania- EUA	U. Missisipi – **EUA**	U. Alta Alsácia – **França**	U. Santiago de Compostela – **Espanha**	Federal Reserve Bank of New York – **EUA**	U. Paris IV – **França**
U. Pompeu Fabra - **Espanha**	Imperial College – **U.K.**	U. Barcelona – **Espanha**	U. Politécnica da Catalunha – **Espanha**		U. Califórnia – EUA
	U. Pompeu Fabra – **Espanha**		U. Autónoma de Madrid – **Espanha**		U. Bangor – **U. K.**
	Brown Boveri, na época em funções na **Comissão Europeia**		U. S. Paulo – **Brasil**		
			U. Sheffield – **U. K.**		

Ano 3

Ciência Física	Geologia	Engª Civil e Engª de Minas	Ciências do Desporto	Ergonomia, Reabilitação e Psicologia Clínica	Farmácia e Ciências da Nutrição	Medicina Dentária	Geografia e Planeamento	Engº do Ambiente	Arquitectura/ Arq. Paisagista	Ciências Militares
U. Columbia – EUA	U. Complutense de Madrid – Espanha	U. Federal Rio de Janeiro – Brasil	U. Federal Rio de Janeiro – Brasil	U. Toulouse le Mirail – França	U. Complutense de Madrid – Espanha	U. Oviedo – Espanha	U. St. Andrews – U.K.	U. Huelva – Espanha	U. Valladolid – Espanha	Academia de Saint-Cyr - França
Multiwavenet works – EUA	U. Barcelona – Espanha	Escola Superior Técnica de Engenheiros de Madrid	U. Rio Grande do Sul – Brasil		U. Navarra – Espanha Hospital	U. Complutense de Madrid – Espanha	U. Valência – Espanha	U. Poltécnica de Valência – Espanha	Escola Técnica Superior de Arquitectura del Pere Serra Catalunha – Espanha	Us Naval Academy – EUA
U. Santiago de Compostela – Espanha	U. Sevilha – Espanha	U. Granada – Espanha	U. Granada – Espanha		Universitário de Salamanca – Espanha		U. Léon – Espanha	U. Politécnica da Catalunha – Espanha	U. Poltécnica da Catalunha – Espanha	U. Florida – EUA
U. Autónoma de Madrid – Espanha	U. Politécnica de Madrid – Espanha								Escola Superior de Arquitectura de Valladolid – Espanha	
U. Oxford – U. K.										

Ano 4

Economia	Sociologia	Antropologia	Direito	Ciência Política e Relações Internacionais	Medicina	Medicina Veterinária
U. Nice – **França**	U. Genebra – **Suíça**	U. Utreque – **Holanda**	Instituto de Direito Comparado Luso-Brasileiro – **Brasil**	Fundação Getúlio Vargas – **Brasil**	U. Alcalá – **Espanha**	U. Turim – **Itália**
U. Federal Rio de Janeiro – **Brasil**	U. Uppsala – **Suécia**		U. Corunha – **Espanha**	U. Brasília – **Brasil**	U. Amesterdão – **Holanda**	U. Uppsala – **Suécia**
Federal Reserve Bank of New York – **EUA**	U. Nanterre – **França**			U. Complutense de Madrid – **Espanha**		U. Utreque – **Holanda**

Ano 5

Ciências e Tecnologias da Comunicação	Psicologia	Ciências da Educação	Acção Social	Turismo	Música e Artes do Espectáculo	Formação de Professores em Educação de Infância e Ensino Básico 1º Ciclo	Medicina Veterinária
U. Vale do Rio dos Sinos – **Brasil**	U. Valência – **Espanha**	U. Grenoble – **França**	Pontifícia Universidade Católica de S. Paulo – **Brasil**	U. Federal do Maranhão – **Brasil**	U. Innsbruck – **Áustria**	U. S. Paulo – **Brasil**	Academia de Oficiais da Guardia Civil – **Espanha**
U. Santiago de Compostela – **Espanha**	U. Complutense de Madrid – **Espanha**		Pontifícia Universidade Católica de S. Paulo – **Brasil**		U. Federal do Rio de Janeiro – **Brasil**	U. S. Paulo – **Brasil**	
U. Autónoma de Barcelona – **Espanha**	U. Autónoma de Madrid – **Espanha**		Haagse Hogeschool – **Holanda**		U. Autónoma de Barcelona – **Espanha**	U. Santiago de Compostela – **Espanha**	
U. Málaga – **Espanha**	U. Salamanca – **Espanha**				**França** (artista independente)		
	U. Valência – **Espanha**						

ANEXO B

Lista dos cursos avaliados por Comissão

Ano 1

CAE: Teologia   **Total: 2 cursos**
Presidente: Prof. Doutor José Alemany, substituído pelo Prof. Doutor Juan Maria Laboa

Curso	Instituição
Teologia e Ciências Religiosas	**U. Católica Portuguesa**

CAE: Filosofia   **Total: 9 cursos**
Presidente: Prof. Doutor José Enes

Curso	Instituição
Filosofia	**U. Coimbra**
Filosofia Filosofia e Desenvolvimento da Empresa Filosofia e Humanidades	**U. Católica Portuguesa – Braga**
Filosofia	**U. Católica Portuguesa – Lisboa**
Filosofia	**U. Lisboa**
Filosofia Filosofia/História das Ideias	**U. Nova de Lisboa**
Filosofia	**U. Porto**

104 *Avaliação – Contributos para a Reformulação*

CAE: História   **Total: 15 cursos**
Presidente: Prof. Doutor Luís António de Oliveira Ramos

Curso	Instituição
História	**U. Aberta**
História História/Arqueologia História/História da Arte	**U. Coimbra**
História História/Arqueologia História/História da Arte	**U. Lisboa**
História História/Arqueologia História/História da Arte	**U. Nova de Lisboa**
História (Ramo Científico e de Ensino)	**U. Minho**
História	**U. Porto**
História	**U. Autónoma de Lisboa**
História (2 ramos)	**U. Lusíada (Lisboa)**
Ciências Históricas	**U. Portucalense**

CAE: Bioquímica   **Total: 3 cursos**
Presidente: Prof. Doutor Arsélio Pato de Carvalho

Curso	Instituição
Bioquímica	**U. Coimbra**
Bioquímica	**U. Lisboa**
Bioquímica	**U. Porto**

CAE: Biologia **Total: 17 cursos**
Presidente: Prof. Doutor Luís Jorge Peixoto Archer

Curso	Instituição
Biologia Biologia e Geologia (Ensino)	U. Açores
Biologia Marinha e Pescas	U. Algarve
Biologia Biologia e Geologia (Ensino)	U. Aveiro
Biologia	U. Coimbra
Biologia Biologia e Geologia (Ensino)	U. Évora
Biologia Biologia Aplicada aos Recursos Animais Biologia Microbiana e Genética Biologia Vegetal Aplicada Biologia e Geologia (Ensino)	U. Lisboa
Biologia	U. Madeira
Biologia e Geologia (Ensino)	U. Minho
Biologia	U. Porto
Biologia e Geologia (Ensino)	U. Trás-os-Montes e Alto Douro

Avaliação – Contributos para a Reformulação

CAE: Engª Electrotécnica   **Total: 11 cursos**
Presidente: Prof. Doutor Domingos Pereira de Moura

Curso	Instituição
Engª Electrotécnica Militar, Ramos: Material e Transmissões	**Academia Militar**
Engª Electrónica e de Telecomunicações Ensino de Electrónica e Informática	**U. Aveiro**
Engª Electrotécnica	**U. Coimbra**
Engª Electrónica Industrial	**U. Minho**
Engª Electrotécnica	**U. Nova de Lisboa**
Engª Electrotécnica e de Computadores	**U. Porto**
Engª Electrotécnica e de Computadores	**U. Técnica de Lisboa (IST)**
Engª Electrotécnica	**U. Trás-os-Montes e Alto Douro**
Engª Electrotécnica	**U. Independente**
Engª de Automação e Controlo	**U. Moderna (Porto)**

CAE: Mecânica   **Total: 10 cursos**
Presidente: Prof. Doutor Vasco da Silva Sanches e Sá

Curso	Instituição
Engª Mecânica Militar/Material	**Academia Militar**
Engª Mecânica (Preparatórios)	**U. Açores**
Engª Electromecânica	**U. Beira Interior**
Engª Mecânica	**U. Coimbra**
Engª Mecânica	**U. Minho**
Engª Mecânica	**U. Nova de Lisboa**
Engª Mecânica	**U. Porto**
Engª Mecânica Engª Naval	**U. Técnica de Lisboa/IST**
Engª Mecânica	**U. Trás-os-Montes e Alto Douro**

CAE: Matemática e Estatística   **Total: 30 cursos**

Presidente: Prof. Doutor Orlando Dias Agudo

Curso	Instituição
Matemática/Informática Ensino de Matemática	U. Açores
Ensino de Matemática	U. Aveiro
Ensino de Matemática	U. Beira Interior
Engª Geográfica Matemática	U. Coimbra
Matemática Aplicada Ensino de Matemática	U. Évora
Engª Geográfica Estatística e Investigação Operacional Matemática Probabilidades e Estatística Ensino de Matemática	U. Lisboa
Matemática Ensino de Matemática	U. Madeira
Matemática e Ciências da Computação Ensino de Matemática	U. Minho
Matemática	U. Nova de Lisboa
Engª Geográfica Matemática Matemática Aplicada à Tecnologia	U. Porto
Matemática Aplicada à Economia e Gestão	U. Técnica de Lisboa (ISEG)
Matemática Aplicada e Computação	U. Técnica de Lisboa (IST)
Ensino de Matemática	U. Trás-os-Montes e Alto Douro
Matemática Aplicada	U. Autónoma
Matemática Estatística	U. Portucalense
Matemática	U. Lusófona
Matemáticas Aplicadas	U. Lusíada (Lisboa)
Matemáticas Aplicadas	U. Lusíada (Porto)

Ano 2

CAE: AGRICULTURA E PESCAS **Total: 9 cursos**
Presidente: Prof. Doutor Pedro Lynce de Faria
(Posteriormente substituído pelo Prof. Doutor Edgar de Sousa)

Curso	Instituição
Engenharia Zootécnica	**U. Açores**
Engenharia Agronómica: r, hortofruticultura	**U. Algarve**
Engenharia Agrícola Eng.ª Zootécnica	**U. Évora**
Engenharia das Ciências Agrárias	**U. Porto**
Engenharia Agronómica Engenharia Florestal	**U. Técnica de Lisboa**
Engenharia Agrícola Engenharia Florestal	**U. Trás-os-Montes e Alto Douro**

CAE: Informática **Total: 11 cursos**
Presidente: Prof. Doutor António Costa Dias de Figueiredo

Curso	Instituição
Engenharia Informática	**U. Coimbra**
Informática	**U. Lisboa**
Engenharia de Sistemas e de Computadores	**U. Madeira**
Engenharia de Sistemas e Informática	**U. Minho**
Engenharia Informática	**U. Nova de Lisboa**
Engenharia Informática e Computação	**U. Porto**
Engenharia Informática e de Computadores	**U. Técnica de Lisboa**
Informática	**U. Autónoma**
Engenharia Informática	**U. Independente**
Engenharia Electrónica e Informática	**U. Lusíada (V. N. Famalicão)**
Informática	**U. Lusófona**

CAE: Informática e Computação
Presidente: Prof. Doutor Esgalhado Valença

Total: 7 cursos

Curso	Instituição
Engª de Sistemas e Computação Ensino de Informática	U. Algarve
Matemáticas Aplicadas e Computação	U. Aveiro
Matemática/Informática	U. Beira Interior
Engª da Linguagem e do Conhecimento	U. Lisboa
Ciência de Computadores	U. Porto
Informática/Matemáticas Aplicadas	U. Portucalense

CAE: Informática de Gestão
Presidente: Prof. Doutor José Marques dos Santos

Total: 10 cursos

Curso	Instituição
Informática e Gestão de Empresas	ISCTE
Informática de Gestão	U. Algarve
Informática de Gestão	U. Minho
Informática de Gestão	Instituto Superior de Gestão
Informática de Gestão	ISLA – Bragança
Informática de Gestão	ISLA – Leiria
Informática de Gestão	ISLA – Santarém
Informática de Gestão	U. Autónoma
Informática de Gestão	U. Fernando Pessoa
Informática de Gestão	U. Portucalense

110 *Avaliação – Contributos para a Reformulação*

CAE: Engenharia e Gestão Industrial **Total: 11 cursos**
Presidente: Prof. Doutor António Guimarães Rodrigues

Curso	Instituição
Gestão e Engenharia Industrial	**ISCTE**
Gestão e Engenharia Industrial	**U. Aveiro**
Engenharia de Produção e Gestão Industrial	**U. Beira Interior**
Engenharia Industrial	**U. Católica Portuguesa (Figueira da Foz)**
Engenharia de Produção	**U. Minho**
Engenharia de Produção Industrial	**U. Nova de Lisboa**
Gestão e Engenharia Industrial	**U. Porto**
Gestão e Engenharia Industrial	**U. Técnica de Lisboa**
Engenharia Industrial	**U. Independente**
Eng.ª e Gestão Industrial	**U. Lusíada (V. N. Famalicão)**
Eng.ª Industrial	**U. Lusófona**

CAE: ENGENHARIA DE MATERIAIS **Total: 13 cursos**
Presidente: Prof. Doutor Leopoldo Guimarães

Curso	Instituição
Engenharia da Cerâmica e do Vidro Engenharia dos Materiais	**U. Aveiro**
Engenharia do Papel Engenharia Têxtil	**U. Beira Interior**
Engenharia dos Materiais	**U. Coimbra**
Engenharia do Vestuário Engenharia dos Materiais Engenharia de Polímeros Engenharia Têxtil	**U. Minho**
Engenharia dos Materiais	**U. Nova de Lisboa**
Engenharia dos Materiais	**U. Porto**
Engenharia dos Materiais	**U. Técnica de Lisboa**
Engenharia Têxtil	**U. Lusíada (V. Nova de Famalicão)**

CAE: Química e Processos   **Total: 17 cursos**
Presidente: Prof. Doutor Virgílio Meira Soares

Curso	Instituição
Engenharia Biotecnológica	U. Algarve
Química: ramo Química Analítica ramo Bioquímica e Química Alimentar ramo Química Industrial e Gestão	U. Aveiro
Química Industrial	U. Beira Interior
Engenharia Alimentar	U. Católica Portuguesa (ESB – Porto)
Engenharia Química	U. Coimbra
Química Tecnológica	U. Lisboa
Engenharia Biológica Química: Ramo Controle de Materiais Plásticos Ramo Controle de Materiais Têxteis	U. Minho
Química Aplicada Engenharia Química	U. Nova de Lisboa
Engenharia Química	U. Porto
Engenharia Agro-Industrial	U. Técnica de Lisboa (ISA)
Enologia	U. Trás-os-Montes e Alto Douro
Engenharia Biotecnológica	U. Lusófona

112 *Avaliação – Contributos para a Reformulação*

CAE: GESTÃO   **Total: 50 cursos**

Presidente: Prof. Doutor Fernando de Jesus

Curso	Instituição
Administração Aeronáutica	**Academia da Força Aérea**
Ciências Militares – Administração Militar	**Academia Militar**
Ciências Militares – GNR; ramo Administração	
Administração Naval	**Escola Naval**
Organização e Gestão de Empresas	**ISCTE**
Gestão de Empresas	**U. Açores**
Gestão	**U. Beira Interior**
Administração e Gestão de Empresas	**U. Católica Portuguesa (Lisboa)**
Administração e Gestão de Empresas	**U. Católica Portuguesa (Porto)**
Administração e Gestão de Empresas	**U. Católica Portuguesa (Viseu)**
Organização e Gestão de Empresas	**U. Coimbra**
Gestão de Empresas	**U. Évora**
Gestão	**U. Madeira**
Gestão	**U. Nova de Lisboa**
Gestão	**U. Porto**
Gestão	**U. Técnica de Lisboa**
Gestão e Administração Pública	
Gestão Imobiliária	**Escola Superior de Actividades Imobiliárias**
Gestão e Administração Pública	**Inst. Superior Bissaya Barreto**
Gestão de Marketing	**Inst. Superior de Comunicação Empresarial**
Gestão	**Inst. Superior de Gestão**
Relações Públicas e Publicidade	**Inst. Superior de Novas Profissões**
Organização e Gestão de Empresas	
Assessoria e Direcção de Administração	

Anexos 113

CAE: Gestão (cont.)

Curso	Instituição
Gestão de Empresas Gestão de Recursos Humanos e Psicologia do Trabalho	**ISLA – Vila Nova de Gaia**
Marketing e Comércio Internacional Gestão de Empresas Gestão de Recursos Humanos	**ISLA (Leiria)**
Marketing Gestão de Empresas Assessoria de Direcção	**ISLA (Lisboa)**
Comunicação Gestão de Empresas Gestão de Recursos Humanos	**ISLA (Santarém)**
Gestão	**U. Autónoma**
Relações Públicas Marketing Engenharia Publicitária	**U. Fernando Pessoa**
Administração Regional Autárquica Gestão de Empresas	**U. Independente**
Gestão	**U. Internacional**
Gestão	**U. Lusíada (Lisboa)**
Gestão	**U. Lusíada (Porto)**
Contabilidade Ciências Económicas e Empresariais	**U. Lusíada (V. N. Famalicão)**
Gestão de Recursos Humanos	**U. Lusófona**
Organização e Gestão de Empresas	**U. Moderna (Porto)**
Gestão de Empresas	**U. Portucalense**
Marketing e Publicidade	**Escola Superior de Marketing e Publicidade**

CAE: CULTURAS, LÍNGUAS, LITERATURAS E LINGUÍSTICA

Presidente: Profª Doutora Maria Helena Rocha Pereira   Total: 72 cursos

Curso	Instituição
Línguas e Literaturas Modernas	**U. Aberta**
Português/História	
LLM: Estudos Portugueses e Ingleses	**U. Açores**
Ensino de Português e Francês	
Ensino de Português e Inglês	
Ensino de Português/Alemão	**U. Aveiro**
Ensino de Português/Inglês	
Ensino de Português, Latim e Grego	
LLM: Estudos Franceses e Alemães	**U. Coimbra**
LLM: Estudos Franceses e Ingleses	
LLM: Estudos Ingleses e Alemães	
Línguas e Lit. Clássicas e Portuguesa	
LLM: Estudos Portugueses	
LLM: Estudos Portugueses e Alemães	
LLM: Estudos Portugueses e Espanhóis	
LLM: Estudos Portugueses e Franceses	
LLM: Estudos Portugueses e Ingleses	
LLM: Estudos Portugueses e Italianos	
Línguas Estrangeiras Aplicadas	**U. Católica Portuguesa (Lx)**
Francês/Inglês	**U. Católica Portuguesa (Viseu)**
Inglês/Alemão	
Estudos Portugueses/Ingleses	
Português/Francês	
Humanidades	

Curso	Instituição
Humanidades	**U. Católica Portuguesa (Braga)**
Ensino de Português/Francês Ensino de Português/Inglês	**U. Évora**
LLM: Estudos Franceses e Alemães LLM: Estudos Franceses e Ingleses LLM: Estudos Franceses e Espanhóis LLM: Estudos Franceses e Italianos LLM: Estudos Ingleses e Alemães LLM: Estudos Portugueses LLM: Estudos Portugueses e Alemães LLM: Estudos Portugueses e Espanhóis LLM: Estudos Portugueses e Franceses LLM: Estudos Portugueses e Ingleses LLM: Estudos Portugueses e Italiano Línguas e Literaturas Clássicas Linguística	**U. Lisboa**
Ensino de Português/Francês Ensino de Português/Inglês Ensino de Português	**U. Minho**
LLM: Estudos Ingleses e Alemães LLM: Estudos Portugueses LLM: Estudos Portugueses e Alemães LLM: Estudos Portugueses e Franceses LLM: Estudos Portugueses e Ingleses Linguísticas	**U. Nova de Lisboa**

Curso	Instituição
Estudos Europeus: Francês/Alemão Estudos Europeus: Francês/Inglês Estudos Europeus: Inglês/Alemão LLM: Estudos Franceses e Alemães LLM: Estudos Franceses e Ingleses LLM: Estudos Ingleses e Alemães LLM: Estudos Portugueses LLM: Estudos Portugueses e Alemães LLM: Estudos Portugueses e Espanhóis LLM: Estudos Portugueses e Franceses LLM: Estudos Portugueses e Ingleses	**U. Porto**
Ensino de Inglês/Alemão Ensino de Português/Francês Ensino de Português/Inglês	**U. Trás-os-Montes e Alto Douro**
Ciências da Tradução e Cultura Comparada	**ISLA – V. N. Gaia**
Tradução	**ISLA – Leiria**
Tradução	**ISLA – Lisboa**
Tradução e Interpretação em Línguas Modernas	**ISLA – Santarém**
Tradutores e Intérpretes	**U. Lusófona**
Literatura Comparada	**U. Fernando Pessoa**
Tradutores e Intérpretes LLM: Estudos Portugueses/Ingleses LLM: Estudos Portugueses/Franceses	**U. Autónoma de Lisboa**

CAE: Ciência Física Total: 32 cursos

Presidente: Prof. Doutor Filipe Duarte Santos

Curso	Instituição
Engenharia Física e Tecnológica Ensino de Física e Química Química	U. Algarve
Engenharia Física Ensino de Física e Química Física/Meteorologia e Oceanografia	U. Aveiro
Ensino de Física e Química Optometria e Optotecnia	U. Beira Interior
Engenharia Física Física, r: educacional Física, r: científico Química, r: educacional Química, r: científico Química Industrial	U. Coimbra
Ensino de Física e Química	U. Évora
Engenharia Física Ciências Geofísicas Física Ensino de Física e Química v. Física Ensino de Física e Química v. Química Química	U. Lisboa
Química, r: educacional Química, r: científico	U. Madeira
Ensino de Física e Química	U. Minho
Engenharia Física	U. Nova de Lisboa
Física/Matemática Aplicada(Astronomia) Física, r: educacional Física, r: científico Química, r: educacional Química, r: científico	U. Porto
Engenharia Física e Tecnológica	U. Técnica de Lisboa (IST)
Ensino de Física e Química	U. Trás-os-Montes e Alto Douro

Avaliação – Contributos para a Reformulação

CAE: Geologia
Presidente: Prof. Doutor Manuel Maria Godinho
Total: 9 cursos

Curso	Instituição
Engenharia Geológica	U. Aveiro
Geologia Engenharia Geológica	U. Coimbra
Geologia Geologia Aplicada e do Ambiente Ensino de Biologia Geologia v. Geologia	U. Lisboa
Engenharia Geológica	U. Nova de Lisboa
Geologia Ensino de Biologia e Geologia	U. Porto

CAE: Construção e Minas
Presidente: Prof. Doutor António José Correia Mineiro
Total: 19 cursos

Curso	Instituição
Ciências Militares Aeronáuticas: Eng.ª Aeródromos	Academia da Força Aérea
Engenharia Militar	Academia Militar
Engenharia Civil (preparatórios)	U. Açores
Engenharia Civil	U. Aveiro
Engenharia Civil	U. Beira Interior
Engenharia Civil Engenharia de Minas	U. Coimbra
Engenharia de Recursos Geológicos	U. Évora
Engenharia Civil	U. Minho
Engenharia Civil	U. Nova de Lisboa
Engenharia Civil Engenharia de Minas e Geoambiente	U. Porto
Engenharia Civil Engenharia do Território	U. Técnica de Lisboa (IST)
Engenharia Civil	U. Trás-os-Montes e Alto Douro
Engenharia Civil	U. Fernando Pessoa
Engenharia Civil	U. Independente
Engenharia Civil	U. Lusófona
Eng.ª de Projectos e Gestão de Obras	U. Moderna

Anexos

CAE: Engenharia do Ambiente
Presidente: Prof. Doutor Carlos Borrego

Total: 13 cursos

Curso	Instituição
Engenharia do Ambiente	U. Açores (Angra do Heroísmo)
Engenharia do Ambiente	U. Algarve
Engenharia do Ambiente	U. Aveiro
Engenharia do Ambiente	U. Católica Portuguesa (Porto)
Ciências do Ambiente Engenharia do Recursos Hídricos Engenharia Biofísica	U. Évora
Engenharia do Ambiente	U. Nova de Lisboa
Engenharia do Ambiente	U. Técnica de Lisboa (IST)
Engª Ambiental e dos Recursos Naturais	U. Trás-os-Montes e Alto Douro
Engenharia da Energia e do Ambiente	ISLA Leiria
Engenharia do Ambiente	U. Lusófona
Ciências do Ambiente	U. Moderna (Porto)

CAE: Arquitectura e Arquitectura Paisagista
Presidente: Prof. Doutor Mário Krugger

Total: 13 cursos

Curso	Instituição
Arquitectura	U. Coimbra
Arquitectura Paisagista	U. Évora
Arquitectura	U. Porto
Arquitectura Arquitectura de Gestão Urbanística Arq.do Planeamento Urbano e Territorial	U. Técnica de Lisboa (Fac. Arquitectura)
Arquitectura Paisagista	U. Técnica de Lisboa (ISA)
Arquitectura	EUAC Coimbra
Arquitectura	U. Lusíada – Lisboa
Arquitectura	U. Lusíada – Porto
Arquitectura	U. Lusíada – Vila Nova de Famalicão
Arquitectura Urbanismo	U. Lusófona

CAE: Geografia e Planeamento Regional e Urbano
Presidente: Prof.ª Doutora Arminda Cavaco

Total: 6 cursos

Curso	Instituição
Planeamento Regional e Urbano	U. Aveiro
Geografia: Ensino de Geografia Ordenamento do Território e Desenvolvimento Estudos Ambientais	U. Coimbra
Geografia: Ensino da Geografia Cartografia e Sistemas de Informação geográfica Geografia Física e Ordenamento do Território Planeamento e Gestão do Território Planeamento e Urbanismo	U. Lisboa
Geografia e Planeamento	U. Minho
Geografia e Planeamento Regional	U. Nova de Lisboa
Geografia	U. Porto

CAE: Ciências do Desporto
Presidente: Prof. Doutor António Paula de Brito

Total: 10 cursos

Curso	Instituição
Ciências do Desporto	U. Beira Interior
Ciências do Desporto e Educação Física	U. Coimbra
Educação Física e Desporto	U. Madeira
Desporto e Educação Física	U. Porto
Educação Física e Desporto	U. Trás-os-Montes e Alto Douro
Ciências do Desporto: Educação Física e Desporto Escolar Gestão do Desporto	U. Técnica de Lisboa (FMH)
Educação Física Saúde e Desporto	ISCS – Sul
Educação Física e Desporto	ISMAI
Educação Física e Desporto	U. Lusófona

CAE: Ciências Farmacêuticas
Presidente: Prof. Doutor Francisco Carvalho Guerra　　　　**Total: 7 cursos**

Curso	Instituição
Ciências Farmacêuticas	**U. Coimbra**
Ciências Farmacêuticas	**U. Lisboa**
Ciências Farmacêuticas Ciências da Nutrição	**U. Porto**
Ciências Farmacêuticas Nutrição e Engenharia Alimentar	**ISCS – Sul**
Ciências Farmacêuticas	**ISCS – Norte**

CAE: Ciências Militares
Presidente: Prof. Doutor Manuel Jacinto Nunes　　　　**Total: 5 cursos**

Curso	Instituição
Ciências Militares Navais: Marinha Fuzileiros	**Escola Naval**
Ciências Militares: Esp. de Infantaria, Artilharia e Cavalaria Esp. GNR – Armas	**Academia Militar**
Ciências Militares Aeronáuticas: Esp. Piloto-Aviador	**Academia da Força Aérea**

CAE: Medicina Dentária
Presidente: Prof. Doutor José Manuel Toscano Rico　　　　**Total: 5 cursos**

Curso	Instituição
Medicina Dentária	**U. Coimbra**
Medicina Dentária	**U. Lisboa**
Medicina Dentária	**U. Porto**
Medicina Dentária	**ISCS – Sul**
Medicina Dentária	**ISCS – Norte**

Avaliação – Contributos para a Reformulação

CAE: Ergonomia, Reabilitação e Psicologia Clínica
Presidente: Prof. Doutor Kelo Correia da Silva   **Total: 5 cursos**

Curso	Instituição
Ergonomia Educação Especial e Reabilitação	U. Técnica de Lisboa (FMH)
Psicologia Clínica	ISCS – Norte
Psicologia Clínica	ISCS – Sul
Segurança no Trabalho	ISMAI

CAE: Economia
Presidente: Prof. Doutor António Simões Lopes   **Total: 19 cursos**

Curso	Instituição
Economia	U. Algarve
Economia	U. Aveiro
Economia	UBI
Economia	U. Coimbra
Economia	UCP Lisboa
Economia	UCP Porto
Economia	U. Évora
Economia	U. Minho
Economia	UNL
Economia	U. Porto
Economia	UTAD
Economia	UTL
Economia	ISCTE
Economia	U. Autónoma de Lisboa
Economia	U. Independente
Economia	U. Lusíada de Lisboa
Economia	U. Lusíada do Porto
Economia	U. Lusófona
Economia	U. Portucalense

Anexos

CAE: Sociologia
Presidente: Prof. Doutor João Freire

Total: 16 cursos

Curso	Instituição
Sociologia	U. Açores
Sociologia	U. Beira Interior
Sociologia	U. Coimbra
Sociologia	U. Évora
Sociologia	U. Minho
Sociologia	U. Nova de Lisboa
Sociologia	U. Porto
Sociologia do Trabalho Política Social	U. Técnica de Lisboa
Sociologia Sociologia e Planeamento	ISCTE
Sociologia	U. Autónoma de Lisboa
Sociologia	U. Lusófona
Sociologia	U. Internacional
Investigação Social Aplicada	Dinensino Beja
Investigação Social Aplicada	U. Moderna Lisboa

CAE: Direito
Presidente: Prof. Doutor Gomes Canotilho   **Total: 18 cursos**

Curso	Instituição
Direito	U. Católica Portuguesa (Lisboa)
Direito	U. Católica Portuguesa (Porto)
Direito	U. Coimbra
Direito	U. Lisboa
Direito	U. Minho
Direito	U. Nova de Lisboa
Direito	U. Porto
Direito	Dinensino – Beja
Direito	U. Autónoma
Direito	U. Independente
Direito	U. Internacional – Figueira da Foz
Direito	U. Internacional – Lisboa
Direito	U. Lusíada – Lisboa
Direito	U. Lusíada – Porto
Direito	U. Lusófona
Direito	U. Moderna – Lisboa
Direito	U. Moderna – Porto
Direito	U. Portucalense

Anexos 125

CAE: Ciência Política e Relações Internacionais
Presidente: Prof. Doutor José Esteves Pereira

Total: 14 cursos

Curso	Instituição
Relações Internacionais	U. Coimbra
Relações Internacionais	U. Minho
Ciência Política e Relações Internacionais	U. Nova de Lisboa
Relações Internacionais Ciência Política	U. Técnica de Lisboa (ISCSP)
Relações Internacionais	U. Autónoma de Lisboa
Relações Internacionais	U. fernando Pessoa
Relações Internacionais	U. Independente
Ciência Política	U. Internacional
Relações Internacionais Ciência Política	U. Lusíada – Lisboa
Relações Internacionais	U. Lusíada – Porto
Ciência Política	U. Lusófona
Estudos Europeus	U. Moderna

CAE: ANTROPOLOGIA
Presidente: Profª Doutora Jill Dias

Total: 5 cursos

Curso	Instituição
Antropologia	U. Coimbra
Antropologia	U. Nova de Lisboa
Antropologia	U. Técnica de Lisboa
Antropologia	ISCTE
Antropologia	U. Fernando Pessoa

CAE: MEDICINA   Total: 5 cursos
Presidente: Prof. Doutor Luís Silva Carvalho

Curso	Instituição
Medicina	**U. Coimbra**
Medicina	**U. Lisboa**
Medicina	**U. Nova de Lisboa**
Medicina (FM) Medicina (ICBAS)	**U. Porto**

CAE: MEDICINA VETERINÁRIA   Total: 4 cursos
Presidente: Prof. Doutor Tito Horácio Fernandes

Curso	Instituição
Medicina Veterinária	**U. Évora**
Medicina Veterinária	**U. Porto (ICBAS)**
Medicina Veterinária	**U. Técnica de Lisboa**
Medicina Veterinária	**U. Trás-os-Montes e Alto Douro**

CAE: Belas Artes/Design   **Total: 25 cursos**
Presidente: Prof. Doutor Joaquim Lima de Carvalho

Curso	Instituição
Design	**U. Aveiro**
Artes Visuais	**U. Évora**
Arte	**U. Católica Portuguesa (Porto)**
Design de Comunicação Design de Equipamento Artes Plásticas: Pintura Artes Plásticas: Escultura	**U. Lisboa**
Design/Projectação Artes Plásticas	**U. Madeira**
Conservação e Restauro	**U. Nova de Lisboa**
Design de Comunicação – Arte Gráfica Artes Plásticas: Pintura Artes Gráficas: Escultura	**U. Porto**
Arquitectura de Design Arquitectura de Design de Moda Arquitectura de Interiores	**U. Técnica de Lisboa**
Pintura Escultura Design de Equipamento Design de Comunicação Cerâmica	**EUAC**
Design	**IADE**
Design Industrial	**Lusíada – Lisboa**
Design Industrial	**Lusíada – Porto**
Design	**Escola Superior Gallaecia**

128 *Avaliação – Contributos para a Reformulação*

CAE: Ciências e Tecnologias da Comunicação **Total: 14 cursos**
Presidente: Prof. Doutor António Fidalgo

Curso	Instituição
Novas Tecnologias da Comunicação	U. Aveiro
Ciências da Comunicação	U. Beira Interior
Jornalismo	U. Coimbra
Comunicação Social e Cultural	U. Católica Portuguesa
Som e Imagem	U. Católica Portuguesa (Porto)
Comunicação Social	U. Minho
Comunicação Social	U. Técnica de Lisboa
Ciências da Comunicação	U. Autónoma de Lisboa
Ciências da Comunicação	U. Fernando Pessoa
Ciências da Comunicação	U. Independente
Ciências da Comunicação e da Cultura	U. Lusófona
Ciências da Informação	I. S. Miguel Torga
Comunicação Empresarial	ISCEM
Tecnologias da Comunicação Multimédia	ISMAI
Gestão de Sistemas de Formação Multimédia	ISLA – V. Nova de Gaia

CAE: Psicologia　　　　　　　　　　　　　　　　　　　**Total: 16 cursos**
Presidente: Profª Doutora Adelina Lopes da Silva

Curso	Instituição
Psicologia	U. Coimbra
Psicologia	U. Évora
Psicologia	U. Lisboa
Psicologia	Minho
Psicologia	U. Porto
Psicologia Social e das Organizações	ISCTE
Psicologia	ISMAI
Psicologia	U. Independente
Psicologia	U. Lusófona
Psicologia Aplicada	ISPA Lisboa
Psicologia Aplicada	ISPA Beja
Psicologia Organizacional	ISLA Bragança
Psicologia Social e das Organizações	ISLA Leiria
Psicologia Social e do Trabalho	U. Fernando Pessoa
Psicopedagogia Curativa	U. Moderna (Lisboa)
Psicopedagogia Curativa	U. Moderna (Porto)

CAE: Música e Artes do Espectáculo　　　　　　　　　　**Total: 6 cursos**
Presidente: Prof. Doutor Gerhard Doderer

Curso	Instituição
Ensino de Música	U. Aveiro
Música	UCP. Porto
Estudos Teatrais	U. Évora
Música	
Ciências Musicais	UNL
Dança	UTL

CAE: Ciências da Educação   **Total: 5 cursos**
Presidente: Prof. Doutor Albano Estrela

Curso	Instituição
Ciências da Educação	**U. Coimbra**
Ciências da Educação	**U. Lisboa**
Ciências da Educação	**U. Porto**
Educação	**U. Minho**
Ciências da Educação	**U. Lusófona**

CAE: Turismo   **Total: 3 cursos**
Presidente: Prof. Doutor João Albino Silva

Curso	Instituição
Gestão e Planeamento em Turismo	**U. Aveiro**
Planeamento e Desenvolvimento do Turismo	**U. Lusófona**
Turismo	**ISNP**

CAE: Acção Social   **Total: 9 cursos**
Presidente: Prof. Doutor Carlos Diogo Moreira

Curso	Instituição
Serviço Social	**UCP Lisboa**
Educação Social	**U. Portucalense**
Serviço Social	**U. Fernando Pessoa**
Serviço Social	**I. S. Bissaya Barreto**
Serviço Social	**I. S. Miguel Torga**
Serviço Social	**I. S. S. Social de Lisboa**
Serviço Social	**I. S. S. Social do Porto**
Serviço Social	**I. S. S. Social de Beja**
Educação Física e Animação Social	**ISLA Bragança**

CAE: Formação de Professores em Educação de Infância e em Ensino Básico – 1º Ciclo

Presidente: Prof. Doutor João Formosinho   **Total: 14 cursos**

Curso	Instituição
Educação de Infância Ensino Básico – 1º ciclo	**U. Açores**
Educação de Infância Ensino Básico – 1º ciclo	**U. Aveiro**
Educação de Infância Ensino Básico – 1º ciclo	**U. Évora**
Educação de Infância Ensino Básico – 1º ciclo	**U. Madeira**
Educação de Infância Ensino Básico – 1º ciclo	**U. Minho**
Educação de Infância Ensino Básico – 1º ciclo	**UTAD Vila Real**

CAE: Ciências Policiais   **Total: 1 curso**

Presidente: Prof. Doutor António Azeredo Lopes

Curso	Instituição
Ciências Policiais	**Instituto Superior de Ciências Policiais e de Segurança Interna**

ANEXO C

Lista das CAE e sua composição

1.º ANO DO 2.º CICLO DE AVALIAÇÃO

Cursos da Área de Bioquímica

Presidente: **Arsélio Pato de Carvalho**, Professor catedrático da Faculdade de Ciências e Tecnologia da Universidade de Coimbra. Vogais: **Isabel Maria Spencer Vieira Martins**, Professora catedrática da Faculdade de Ciências e Tecnologia da Universidade Nova de Lisboa; **António V. Xavier**, Professor catedrática do Instituto de Tecnologia Química e Biológica da Universidade Nova de Lisboa; **Luís António Silva Duarte Portela**, Presidente do Conselho de Administração dos Laboratórios Bial; **Edward J. Wood**, Professor catedrático do departamento de Bioquímica e Biologia Molecular da Universidade de Leeds, U.K.

Cursos da Área de Filosofia

Presidente: **José Enes Cardoso**, Professor catedrático jubilado da Universidade Aberta. Vice-Presidente: **António Manuel Martins,** Professor catedrático da Faculdade de Letras da Universidade de Coimbra. Vogais: **Michel Marie Joseph Gabriel Renaud**, Professor catedrático da Faculdade de Ciências Sociais e Humanas da Universidade Nova de Lisboa;. **Maria José Pinto Cantista Fonseca**, Professora catedrática da Faculdade de Letras da Universidade do Porto; **José Esteves Pereira**, Professor catedrático da Faculdade de Ciências Sociais e Humanas da Universidade Nova de Lisboa; **Manuel José do Carmo Ferreira**, Professor catedrático da Faculdade de Letras da Universidade de Lisboa; **Alfredo de Oliveira Dinis**, Professor extraordinário da Faculdade de Filosofia Universidade Católica Portuguesa; **Joaquim Teixeira**, Professor auxiliar da Faculdade de Ciências Humanas da Universidade Católica Portuguesa; **Maria Isabel Monteiro Marnoto**, assistente convidada aposentada da Universidade Aberta; **Alfredo Manuel Figueiredo Simões dos Reis**, Professor efectivo da Escola Secundária José Falcão e assistente convidado da Universidade de Coimbra; **José de Almeida Pereira Arêdes**, Professor efectivo da Escola Secundária D. Pedro V e investigador do Centro de Filosofia da Universidade de Lisboa. Assessores: **Pedro Calafate**, Professor associado da Faculdade de Letras da Universidade de Lisboa; **José Manuel Moreira**, Professor catedrático da Faculdade de Economia da Universidade do Porto. Secretário: **António Moreira Teixeira**, Assistente da Universidade Aberta.

136   *Avaliação – Contributos para a Reformulação*

Cursos da Área de História

<u>Presidente</u>: **Luís António de Oliveira Ramos**, Professor catedrático da Faculdade de Letras da Universidade do Porto. <u>Vice-Presidentes</u>: **José Manuel dos Santos Encarnação**, Professor catedrático da Faculdade de Letras da Universidade de Coimbra; **António Marques de Almeida**, Professor catedrático da Faculdade de Letras da Universidade de Coimbra; **Zília Osório de Castro**, Professora catedrática d Faculdade de Ciências Sociais e Humanas da Universidade Nova de Lisboa. <u>Vogais</u>: **Humberto Carlos Baquero Moreno**, Professor catedrático da Faculdade de Letras da Universidade do Porto; **António de Oliveira**, Professor catedrático da Faculdade de Letras da Universidade de Coimbra; **José Amado Mendes**, Professor catedrático da Faculdade de Letras da Universidade de Coimbra; **Avelino Freitas de Menezes**, Professor catedrático da Universidade dos Açores; **Margarida Acciaiuoli Brito**, Professora catedrática da Faculdade de Ciências Sociais e Humanas da Universidade Nova de Lisboa; **Maria Manuela dos Reis Martins**, Professora catedrática da Universidade do Minho; **João Luís Serrão Cardoso**, Professor auxiliar com agregação da Universidade Aberta; **Armando Carvalho Homem**, Professor catedrático da Faculdade de Letras da Universidade do Porto; **José Tengarrinha**, Professor associado com agregação da Faculdade de Letras da Universidade de Lisboa; **Natália Marinho Ferreira-Alves**, Professora associada com agregação da Faculdade de Letras da Universidade do Porto; **Alain Tranoy**, Professor titular da Universidade de Poitiers; **Bernard Lavallé**, Professor da Sorbonne III; **Francisca Hernandez**, Professora Catedrática da Universidade Complutense de Madrid; **Eiras Roel (*)**, Professor catedrático da Universidade de Santiago de Compostela; **Manuel Gonzalez**, Professor catedrático da Universidade de Sevilha. <u>Assessora</u>: **Maria da Conceição Falcão Ferreira**, Professora auxiliar da Universidade do Minho. <u>Secretário</u>: Pedro Nuno Costa Sampaio.

Cursos da Área de Teologia e Ciências Religiosas

<u>Presidente</u>: **José Alemany Briz**, Professor Catedrático da Universidade Pontifícia de Comillas (**). <u>Vogais</u>: **Manuel Augusto Rodrigues**,

---

(*) Por motivos de saúde, este professor não participou nos trabalhos da Comissão e foi substituído pela Professora **Pilar Hernandez Uriel**, Professora titular da Universidad Nacional de Educación a Distancia (UNED).

(**) Entretanto falecido e substituído pelo Prof. Doutor **Juan Maria Laboa**, Professor catedrático da Universidade Pontifícia de Comillas.

Professor Catedrático da Universidade de Coimbra; **José Nunes Carreira**, Professor Catedrático da Universidade de Lisboa. Secretárias: **Rosa Maria Borges de Pinho** e **Isabel Maria Martins de Martins**

Cursos da Área de Biologia

Presidente: **Luís Jorge Peixoto Archer**, Professor catedrático jubilado da Universidade Nova de Lisboa. Vice-Presidentes: **Isabel Maria Spencer Vieira Martins**, Professora catedrática da Faculdade de Ciências e Tecnologia da Universidade Nova de Lisboa; **Maria Cecília de Lemos Pinto Estrela Leão**, Professora catedrática da Universidade do Minho; **João Machado Cruz**, Professor catedrático jubilado da Faculdade de Ciências da Universidade do Porto; **Martim Portugal Vasconcelos Ferreira**, Professor catedrático da Faculdade de Ciências e Tecnologia da Universidade de Coimbra. Vogais: **Maria Manuela Coelho Cabral Ferreira Chaves**, Professora catedrática do Instituto Superior de Agronomia da Universidade Técnica de Lisboa; **Maria João Ivens Colares Pereira**, Professora catedrática da Faculdade de Ciências da Universidade de Lisboa; **Jorge Quina Ribeiro de Araújo**, Professor catedrático e Reitor da Universidade de Évora; **José Alberto de Oliveira Quartau**, Professor catedrático da Universidade de Lisboa; **Roberto Salema de Magalhães Faria Vieira Ribeiro**, Professor catedrático da Faculdade de Ciências da Universidade do Porto; **Maria Susana Newton de Almeida Santos**, Professora catedrática da Faculdade de Ciências e Tecnologia da Universidade de Coimbra; **Fernando Manuel Pereira Noronha**, Professor catedrático da Faculdade de Ciências da Universidade do Porto; **Fernando Pereira Mangas Catarino**, Professor catedrático da Faculdade e Ciências da Universidade de Lisboa. Director do Jardim Botânico de Lisboa; **Manuel Maria Godinho**, Professor catedrático da Faculdade de Ciências e Tecnologia da Universidade de Coimbra; **Cláudio Enrique Sunkel Cariola**, Professor associado do Instituto de Ciências Biomédicas de Abel Salazar da Universidade do Porto; **Maria Guida Andrade de França Gouveia Boavida**, Investigadora-Coordenadora do Instituto Nacional de Saúde. Doutoramento em Genética pela Universidade de Leeds; **Jorge Américo Rodrigues de Paiva**, Investigador Principal aposentado da Faculdade de Ciências e Tecnologia da Universidade de Coimbra; **Gaspar de Castro Pacheco**, Técnico do Ministério da Agricultura; **José Manuel Pereira Alho**, Licenciado em Biologia pela Universidade de Coimbra, a leccionar a disciplina de Ecologia Geral na Escola Superior de Gestão e Tecnologia de Leiria. Foi Director do Par-

138 *Avaliação – Contributos para a Reformulação*

que Natural de Serra d'Aire e Candeeiros; **Bernardo José Ferreira Reis**, Presidente da Associação Portuguesa de Geólogos; **Augusto Manuel Teixeira Cardoso**, Assistente convidado regente da cadeira de Metodologia da Geologia da Faculdade de Ciências e Tecnologia da Universidade de Coimbra. Secretária: **Isabel Maria dos Santos Leitão Couto**, Universidade Nova de Lisboa.

Cursos da Área de Engenharia Mecânica

Presidente: **Vasco Sanches da Silva e Sá**, Professor catedrático jubilado da Faculdade de Engenharia da Universidade do Porto. Vice-Presidentes: **António Franco de Oliveira Falcão**, Professor catedrático do Instituto Superior Técnico da Universidade Técnica de Lisboa; **Domingos Xavier Filomeno Carlos Viegas**, Professor catedrático da Faculdade de Ciências e Tecnologia da Universidade de Coimbra. Vogais: **António Carlos Mendes de Sousa**, Professor catedrático da Universidade de Aveiro; **António Manuel Flores Romão de Azevedo Gonçalves Coelho**, Professor associado da Universidade Nova de Lisboa; **Carlos Manuel Pereira Cabrita**, Professor associado da Universidade da Beira Interior; **Ivan de Azevedo Camelier**, Professor associado da Universidade da Beira Interior; **Luís Manuel Braga da Costa Campos**, Professor catedrático do Instituto Superior Técnico da Universidade Técnica de Lisboa; **Manuel Frederico Oom de Seabra Pereira**, Professor catedrático do Instituto Superior Técnico da Universidade Técnica de Lisboa; **Mário Filipe de Araújo Gonçalves de Lima**, Professor associado da Universidade do Minho; **Paulo Manuel Salgado Tavares de Castro**, Professor catedrático da Faculdade de Engenharia da Universidade do Porto; **Mário Amorim da Graça Moura**, gerente delegado da Babcock Wanson – Caldeiras, Lda.. Ex-Presidente da AIMMAP – Associação dos Industriais Metalomecânicos Metalúrgicos e Afins de Portugal, Membro do Conselho Geral da Associação Empresarial de Portugal; **António Baptista Duarte Silva**, Presidente do Conselho de Administração dos Estaleiros Navais de Viana do Castelo; **Manuel Avenilde Rodrigues Valente**, Director-Geral e Fundador da DURIT, Presidente da MOLDIT, Presidente da TE and M e Presidente da Fundição ALBA; **Belarmino António Filomeno da Conceição da Silveira**, Presidente do Conselho de Administração da Empresa Nacional de Urânio, ex-presidente da Holding Mineira Estatal, Empresa de Desenvolvimento Mineiro, Ex-Presidente do Conselho de Administração da Diamanga. Assessores: **António Augusto Fernandes**, Professor catedrático da Faculdade de Engenharia da Universidade do Porto; **Renato Jorge Ramos Morgado**, Professor catedrático convidado da Universidade do Minho; **Rui António Martins da Silva Matias**, Coronel, Director da Direcção de Serviços Industriais, Tecnológicos e Logísticos da Direcção Geral de Armamentos e Equipamentos de Defesa. <u>Secretários</u>: **João Carlos Campos Henriques, Maria de Fátima do Couto Guedes** e **Maria Martins Guimarães Carvalho.**

Cursos da Área de Matemática e Estatística

<u>Presidente</u>: **Fernando Dias Agudo**, Professor catedrático jubilado da Faculdade de Ciências da Universidade de Lisboa. <u>Vice-Presidentes</u>: **António Ribeiro Gomes**, Professor catedrático aposentado da Faculdade de Ciências e Tecnologia da Universidade de Coimbra; **José Alberto Gama Fernandes de Carvalho**, Professor catedrático aposentado da Faculdade de Ciências e Tecnologia da Universidade de Coimbra; **José Francisco Rosa Taborda**, Professor catedrático aposentado da Universidade do Algarve. <u>Vogais</u>: **Bento José Ferreira Murteira**, Professor catedrático jubilado do Instituto Superior de Economia e Gestão Universidade Técnica de Lisboa; **Carlos Alberto Varelas da Rocha**, Professor catedrático do Instituto Superior Técnico da Universidade Técnica de Lisboa; **Helmut Robert Malonek**, Professor catedrático da Universidade de Aveiro; **Dinis Duarte Pestana**, Professor catedrático da Faculdade de Ciências da Universidade de Lisboa; **José Manuel Esgalhado Valença**, Professor catedrático da Universidade do Minho; **Carlos Braumann,** Professor catedrático da Universidade de Évora; **José Pinto Paixão**, Professor catedrático da Faculdade de Ciências da Universidade de Lisboa; **Maria Paula de Oliveira**, Professora catedrática da Faculdade de Ciências e Tecnologia da Universidade de Coimbra; **Pedro José Araújo Lago**, Professor catedrático da Faculdade de Ciências da Universidade do Porto; **Natália Bebiano da Providência**, Professora catedrática da Faculdade de Ciências da Universidade de Coimbra; **Maria Nazaré Simões Quadros Mendes Lopes**, Professora catedrática da Faculdade de Ciências e Tecnologias da Universidade de Coimbra; **Filipe Duarte Santos**, Professor catedrático da Faculdade de Ciências da Universidade de Lisboa; **Luís Miguel Beleza**, Professor catedrático da Faculdade de Economia da Universidade Nova de Lisboa, Ex-Minitsro das Finanças, ex-Governador do Banco de Portugal, Administrador da Siemens Portugal e consultor do BCP; **João Pedro da Ponte**, Professor associado da Faculdade de Ciências da Universidade de Lisboa; **Maria**

140 *Avaliação – Contributos para a Reformulação*

do Rosário Grossinho, Professora associada do Instituto Superior de Economia e Gestão Universidade Técnica de Lisboa; **Manuel Esquível**, Professor associado da Faculdade de Ciências e Tecnologia da Universidade Nova de Lisboa; **Maria Joana Soares**, Professora associada da Universidade do Minho; **Maria Fernanda de Oliveira Soares Estrada**, Professora associada aposentada da Universidade do Minho; **António José Antunes Monteiro**, Professor auxiliar convidado da Universidade Lusíada; **João Agria Torres**, Vice-Presidente do Instituto Português de Cartografia e Cadastro; **Francisco Frias de Barros**, Chefe do Serviço de Geodésia do Instituto de Investigação Científica Tropical, aposentado; **Mário Alberto Fernandes Costa (*)**, ex-Presidente do Instituto de Informática do Ministério das Finanças, aposentado: **Mário Valadas (*)**, Administrador da CECIL; **Ludwig Streit**, professor da Universidade de Bielefeld (Alemanha) e Professor catedrático convidado da Universidade da Madeira; **Gerhard Jank**, Professor catedrático da Universidade de Aachen (Alemanha). Secretária: **Leonor Valente.**

Cursos da Área de Engenharia Electrotécnica

Presidente: **Domingos Pereira de Moura**, Professor catedrático jubilado do Instituto Superior Técnico da Universidade Técnica de Lisboa. Vice-Presidente: **Carlos Trindade de Sá Furtado**, Professor catedrático da Faculdade de Ciências e Tecnologia da Universidade de Coimbra. Vogais: **João Augusto Sousa Lopes**, Professor catedrático da Faculdade de Ciências da Universidade de Lisboa; **António Costa Dias de Figueiredo**, Professor catedrático da Faculdade de Ciências e Tecnologia da Universidade de Coimbra; **António Carlos Machado e Moura**, Professor catedrático da Faculdade de Engenharia da Universidade do Porto; **Carlos Eduardo da Costa Salema**, Professor catedrático do Instituto Superior Técnico da Universidade Técnica de Lisboa; **Francisco António Cardoso Vaz**, Professor catedrático da Universidade de Aveiro; **José Carlos Príncipe**, Professor titular (Bellsouth Professor) da Universidade da Florida; **Renato Ramos Morgado**, Professor convidado equiparado a Professor catedrático da Escola de Engenharia da Universidade do Minho; **Rui Georg Borvitz Leushner Fernandes**, Engenheiro electrotécnico, consultor da EDP; **José Augusto Themudo de Castro**, Engenheiro electrotécnico, investigador do INETI; **Paulo Nordeste**, Enge-

---

(*) Não participaram nos trabalhos da Comissão.

nheiro electrotécnico, especialista de área das telecomunicações com ênfase na engenharia de tráfego, da Portugal Telecom; **Narciso Garcia Santos**, Professor catedrático da Universidade Politécnica de Madrid. Assessor: **Nicolau de Almeida Vasconcelos Raposo**, Professor catedrático da Faculdade de Psicologia e Ciências da Educação da Universidade de Coimbra. Secretárias: **Ana Cristina Rolo Caetano** e **Mónica Pimentel.**

2.º ANO DO 2.º CICLO DE AVALIAÇÃO

Cursos da Área de Agricultura e Pescas

Presidente: **Pedro Lynce de Faria** (*), Professor catedrático do Instituto Superior de Agronomia da Universidade Técnica de Lisboa. Vice--Presidente: **Edgar de Sousa**, Professor catedrático do Instituto Superior de Agronomia da Universidade Técnica de Lisboa. Vogais: **Apolinário Vaz Portugal**, Professor catedrático da Faculdade de Medicina Veterinária da Universidade Técnica de Lisboa, ex-Director da Estação Zootécnica Nacional; **Alfredo Gonçalves Ferreira**, Professor catedrático da Universidade de Évora; **José Afonso de Almeida**, Professor catedrático da Universidade de Évora e Vice-Reitor nessa Universidade; **Arnaldo Dias da Silva**, Professor catedrático da Universidade de Trás--os-Montes e Alto Douro; **Carlos Pacheco Marques**, Professor catedrático da Universidade de Trás-os-Montes e Alto Douro; **João Santos Pereira**, Professor catedrático do Instituto Superior de Agronomia, da Universidade Técnica de Lisboa; **Pedro Aguiar Pinto**, Professor associado do Instituto Superior de Agronomia, UTL; **António Sousa Macedo**, Engenheiro Florestal, da Empresa "Aliança Florestal"; **António Alberto Gonçalves Ferreira**, Engenheiro Agrónomo, Empresário agrícola. Secretária: **Ana Isabel Trigoso.**

Cursos da Área de Engenharia e Gestão Industrial

Presidente: **António José Marques Guimarães Rodrigues**, Professor catedrático da Escola de Engenharia da Universidade do Minho.

(*) Com a nomeação do Prof. Doutor Pedro Lynce de Faria para Ministro da Ciência e do Ensino Superior, em Abril de 2002, o cargo de Presidente passou para o **Prof. Doutor Edgar da Conceição e Sousa**, e o de Vice-Presidente para o **Prof. Doutor José Afonso de Almeida.**

142 *Avaliação – Contributos para a Reformulação*

Vice Presidente: **Rui Manuel Campos Guimarães**, Professor catedrático da Faculdade de Engenharia da Universidade do Porto. Vogais: **António Ângelo Morão Dias**, Professor catedrático da Faculdade de Ciências e Tecnologia da Universidade de Coimbra; **Luís Tadeu dos Santos Almeida**, Professor catedrático do Instituto Superior Técnico da Universidade Técnica de Lisboa; **José Manuel de Araújo Baptista Mendonça**, Professor associado com agregação da Faculdade de Engenharia da Universidade do Porto; **Zulema Paula do Perpétuo Socorro Lopes Pereira**, Professora associada da Faculdade de Ciências e Tecnologia da Universidade Nova de Lisboa; **José Álvaro da Cruz Assis Lopes**, Professor associado e Director do Departamento de Produção e Sistemas da Universidade Lusíada; **Pedro Manuel Moreira da Rocha Vilarinho**, Professor auxiliar da Universidade de Aveiro; **José Manuel Henriques Mesquita Bastos**, Administrador Principal (A4) na Comissão Europeia (CEC,. Doutor em Planeamento e Controle da Produção, Universidade do Porto; **Mário Pais de Sousa**, Administrador Delegado do Grupo Vista Alegre,.Atlantis; **António Manuel Pacheco e Murta**, Administrador da Enabler – Solutions for Retailing; **Carlos António Rocha Moreira da Silva**, Presidente do Conselho de Administração da BA – Fábrica de Vidros Barbosa & Almeida, S.A.; **Maria Paula da Silva Ferreira Gomes Bharath**, Investigadora no Imperial College of Science, Technology and Medicine (Londres); **Helena Ramalhinho Dias Lourenço**, Professora auxiliar da Universidade Pompeu Fabra, Barcelona; **César Augusto de Sousa Vale Rego**, Professor associado da Universidade do Mississipi, USA; Secretário: **Carlos Silva.**

Cursos da Área de Engenharia de Materiais

Presidente: **Leopoldo José Martinho Guimarães**, Professor catedrático e Director da Faculdade de Ciências e Tecnologia da Universidade Nova de Lisboa. Vice-Presidente: **Carlos Artur Trindade de Sá Furtado**, Professor catedrático da Faculdade de Ciências e Tecnologia da Universidade de Coimbra. Vogais: **António Alberto Cabeço Silva**, Professor catedrático da Universidade do Minho; **António Sérgio Duarte Pouzada**, Professor catedrático e Presidente da Escola de Engenharia da Universidade do Minho; **Luís Filipe Malheiros de Freitas Ferreira**, Professor associado com agregação da Faculdade de Engenharia da Universidade do Porto; **Mário Figueiredo Nunes**, Professor associado da Universidade da Beira Interior; **António de Pádua Loureiro**, Professor catedrático aposentado, do Instituto Superior Técnico da Universidade Técnica de Lisboa; **Joaquim Manuel Vieira**, Professor catedrático da Universidade de Aveiro; **Maria Teresa Freire Vieira**, Professora catedrática da Faculdade de Ciências e Tecnologia da Universidade Coimbra; **Maria Margarida Lopes Figueiredo**, Professora Catedrática da Faculdade de Ciências e Tecnologia da Universidade de Coimbra; **Auguste Kirschner**, Professor titular da Universidade da Alta Alsácia, Director honorário da Escola Nacional Superior das Indústrias Têxteis de Mulhouse (ENSITM); **J. M. Guilemany**, Professor da Universidade de Barcelona. Secretária: **Rita Sesinando Tavares Palla** e **Carmo Monteiro.**

Cursos da Área de Gestão, Administração e Marketing – (CAE A)

Presidente: **Alberto João Coraceiro de Castro**, Professor associado e Director da Faculdade de Economia e Gestão da Universidade Católica Portuguesa. Vice-Presidente: **Daniel Bessa Fernandes Coelho**, Presidente da Direcção da Escola de Gestão da Universidade do Porto. Vogais: **José Mata**, Professor catedrático da Faculdade de Economia da Universidade Nova de Lisboa; **João Fernandes Rebelo**, Professor associado com agregação do Departamento de Economia e Sociologia da Universidade de Trás-os-Montes e Alto Douro; **José António Sarsfield de Cabral**, Professor associado da Faculdade de Engenharia da Universidade do Porto; **Carlos Henrique Figueiredo e Melo de Brito**, Professor auxiliar da Faculdade de Economia da Universidade do Porto e Professor auxiliar convidado da Faculdade de Economia e Gestão da Universidade Católica Portuguesa; **José António Ferreira de Barros,** Engenheiro Químico, Vice-Presidente da AEP – Associação Empresarial de Portugal; **Carlos da Silva Costa**, Gestor. Director do Departamento de Relações Económicas Internacionais do BCP; **José António Correia de Morais**, Engenheiro Electrotécnico, foi Administrador da Texas Instrument e Presidente da EFACEC; **João António Cabral dos Santos**, Economista do "Federal Reserve Bank of New York". Secretário: **Guido Rodrigues**.

Cursos da Área de Gestão, Administração e Marketing – (CAE F)

Presidente: **Fernando de Jesus**, Professor catedrático aposentado do Instituto Superior de Economia e Gestão da Universidade Técnica de Lisboa. Vice-Presidente: **Manuel Brandão de Vasconcelos Alves**, Professor catedrático do Instituto Superior de Economia e Gestão da Universidade Técnica de Lisboa. Vogais: **José Manuel Vaz**, Professor catedrático aposentado do Instituto Superior de Ciências do Trabalho e da Empresa. Professor catedrático do Instituto Superior de Gestão; **Armandino dos Santos Rocha**, Professor catedrático aposentado da Universidade do Minho. Professor catedrático da Universidade Lusíada de Vila Nova de Famalicão; **Mário Barata Raposo**, Professor associado e Vice--Reitor da Universidade da Beira Interior; **Teresa Carla Trigo de Oliveira**, Professora auxiliar da Faculdade de Economia da Universidade de Coimbra; **João Veríssimo Oliveira Lisboa**, Professor associado da Faculdade de Economia da Universidade de Coimbra; **Luís António Nunes Lourenço**, Professor associado do Departamento de Gestão e Economia da Universidade da Beira Interior; **Alberto Santos Ramalheira**, Administrador do Montepio Geral. Secretário: **Sérgio Nunes.**

Cursos da Área de Gestão, Administração e Marketing – (CAE J)

Presidente: **João da Silva Ferreira**, Professor catedrático do Instituto Superior de Economia e Gestão da Universidade Técnica de Lisboa. Vice-Presidente: **Manuel José da Rocha Armada**, Professor catedrático da Escola de Economia e Gestão da Universidade do Minho. Vogais: **José António Girão**, Professor catedrático da Faculdade de Economia da Universidade Nova de Lisboa; **José António Azevedo Pereira**, Professor associado com Agregação do Instituto Superior de Economia e Gestão da Universidade Técnica de Lisboa; **Carlos José Cabral Cardoso**, Professor associado da Escola de Economia e Gestão da Universidade do Minho; **Efigénio da Luz Rebelo**, Professor associado e Director da Faculdade de Economia da Universidade do Algarve; **Elísio Fernando Moreira Brandão**, Professor associado com Agregação da Faculdade de Economia da Universidade do Porto; **José António Figueiredo Almaça**, Professor catedrático da Universidade Autónoma de Lisboa; **Fernando Teixeira dos Santos**, Presidente da Comissão do Mercado de Valores Mobiliários (CMVM), Presidente do Comité Executivo da Organização Internacional das Comissões e Valores. Professor associado da Faculdade de Economia da Universidade do Porto; **Luís Mira Amaral**, Administrador do BPI, Professor Associado Convidado da Faculdade de Economia da Universidade Nova de Lisboa e Presidente do Instituto de Formação de Executivos da Faculdade de Economia da Universidade Nova de Lisboa. Secretária: **Rita Lages.**

Anexos 145

Cursos da Área de Gestão, Administração e Marketing – (CAE R)

Presidente: **Rui da Conceição Nunes**, Professor catedrático aposentado da Faculdade de Economia da Universidade do Porto, Professor da Universidade Portucalense. Vice-Presidente: **Maria Isabel Rebelo Teixeira Soares**, Professora catedrática da Faculdade de Economia da Universidade do Porto. Vogais: **Henrique Manuel Morais Diz**, Professor catedrático do Departamento de Economia, Gestão e Engenharia Industrial da Universidade de Aveiro; **António Nogueira Leite**, Professor catedrático da Faculdade de Economia, Universidade Nova de Lisboa; **Rui Alberto Ferreira dos Santos Alves**, Professor associado na Faculdade de Economia da Universidade do Porto; **Amilcar Joaquim da Conceição Serrão**, Professor associado com Agregação do Departamento de Gestão de Empresas da Universidade de Évora; **Jacinto António Setúbal Vidigal da Silva**, Professor associado do Departamento de Gestão de Empresas da Universidade de Évora; **João Baptista da Costa Carvalho**, Professor auxiliar da Escola de Economia e Gestão da Universidade do Minho; **Carlos Manuel Machado dos Santos**, Professor associado do Departamento de Economia e Sociologia da Universidade de Alto Douro e Trás-os-Montes; **António Jorge Costa**, Professor convidado do Instituto Superior de Ciências de Trabalho e da Empresa (ISCTE) e Professor associado no Departamento de Ciências Empresariais da Universidade Fernando Pessoa. Secretário: **José António Oliveira.**

Cursos da Área de Gestão, Administração e Marketing – (CAE V)

Presidente: **Vítor Fernandes da Conceição Gonçalves**, Professor Catedrático do Instituto Superior de Economia e Gestão da Universidade Técnica de Lisboa. Vice-Presidente: **Luís Manuel Mota de Castro**, Professor Associado da Faculdade de Economia da Universidade do Porto. Vogais: **Hortênsia Maria da Silva Gouveia Barandas**, Professora Auxiliar da Faculdade de Economia do Porto; **António Maria Palma dos Reis**, Professor Associado do Instituto Superior de Economia e Gestão da Universidade Técnica de Lisboa; **António Manuel Soares Serrano**, Professor Associado e Pró-reitor da Universidade de Évora; **Vítor Sequeira Roldão**, Professor Associado com Agregação do Instituto Superior de Ciências do Trabalho e da Empresa; **José Paulo Esperança**, Professor Associado do Instituto Superior de Ciências do Trabalho e da Empresa; **Mário Fernando Maciel Caldeira**, Professor Auxiliar do Instituto Superior de Economia e Gestão da Universidade Técnica de Lisboa; **Vasco Duarte Eiriz de Sousa**, Professor Auxiliar da Escola de Economia e Gestão da Universidade do Minho; **Manuel António Van Stralen Godinho de Almeida**, Consultor na área das estratégias de competitividade PME. Secretária: **Vera Vicente**.

Cursos da Área de Informática e Computação

Presidente: **José Manuel Esgalhado Valença**, Professor catedrático da Universidade do Minho. Vice-Presidente: **Luís Fernando Lopes Monteiro**, Professor catedrático da Faculdade de Ciências e Tecnologia, da Universidade Nova de Lisboa. Vogais: **Dinis Duarte Ferreira Pestana**, Professor catedrático da Faculdade de Ciências da Universidade de Lisboa; **Miguel Caetano de Oliveira Filgueiras**, Professor catedrático da Faculdade de Ciências da Universidade do Porto; **José Carmo**, Professor catedrático da Universidade da Madeira; **José Nuno Fonseca de Oliveira**, Professor associado da Universidade do Minho; **José António dos Santos Alegria**, Administrador, ONI Solutions; **Fernando C. N. Pereira**, Director do Departamento de Computação e Ciência da Informação da Universidade da Pennsylvania. Assessora: **Maria Teresa Cabré**, Professora da Universidade Pompeu farba, Barcelona. Secretária: **Maria do Castelo Montoia Morais**.

Cursos da Área de Iinformática de Gestão

Presidente: **José Carlos Marques dos Santos**, Professor catedrático da Faculdade de Engenharia da Universidade do Porto. Vice-Presidente: **Maria Teresa Ferreira Soares Mendes**, Professora da Faculdade de Ciências e Tecnologia da Universidade de Coimbra. Vogais: **Luís Amaral,** Professor associado da Universidade do Minho; **Jorge Manuel Fernandes Reis Lima**, Professor associado da Faculdade de Ciências da Universidade do Porto; **Pedro João Valente Dias Guerreiro**, Professor associado da Faculdade de Ciências e Tecnologia da Universidade Nova de Lisboa; **José Alberto Baère de Faria Campos Neves**, Director do Departamento de Engenharia Electrónica e Informática da Universidade Lusíada; **Paulo Jorge Esteves Veríssimo** Professor catedrático da Faculdade de Ciências da Universidade de Lisboa; **Lígia Maria da Silva Ribeiro**, Investigadora Auxiliar da Faculdade de Engenharia da Universidade do Porto; **Edgar de Figueiredo Fernandes Secca**, Consultor do grupo Para Rede; **João Paulo França Macedo da Cunha**, Administrador de Quatro – Sistemas de Informação, AS.; **José Avelino Abreu**

Aguiar, Director da Central de Sistemas e Informática da EDP. <u>Secretária</u>: **Alice Maria Pais Silva**

Cursos da Área de Informática

<u>Presidente</u>: **António Costa Dias de Figueiredo**, Professor catedrático da Faculdade de Ciências e Tecnologia da Universidade de Coimbra. <u>Vice-presidente</u>: **Fernando Nunes Ferreira**, Professor catedrático e Sub-director da Faculdade de Engenharia da Universidade do Porto. <u>Vogais</u>: **António Manuel de Brito Ferrari Almeida**, Professor catedrático e investigador do Instituto de Engenharia Electrónica e Telemática da Universidade de Aveiro; **Carlos Eduardo do Rego da Costa Salema**, Professor catedrático do Instituto Superior Técnico da Universidade Técnica de Lisboa; **Paulo Jorge Esteves Veríssimo**, Professor catedrático da Faculdade de Ciências da Universidade de Lisboa; **Francisco Soares de Moura**, Professor associado da Escola de Engenharia da Universidade do Minho; **Mário Rui Fonseca dos Santos Gomes**, Professor do Instituto Superior Técnico da Universidade Técnica de Lisboa; **José Augusto Legatheaux Martins**, Professor associado da Faculdade de Ciências e Tecnologia da Universidade Nova de Lisboa; **João Bernardo de Sena Esteves Falcão e Cunha**, Professor associado da Faculdade de Engenharia da Universidade do Porto; **João Filipe Corte-Real F. Matias**, Director Geral da Oracle Portugal; **Lusitana Maria Geraldes da Fonseca**, membro do Conselho de Administração da Portugal Telecom Inovação, SA.; **José Manuel da Graça Martins**, Empresário, (EF-Empresa de Formação em Tecnologias, Lda). <u>Secretária</u>: **Ana Paula Varela Pereira Afonso**

Cursos das Áreas de Culturas, Línguas, Literaturas e Linguística

<u>Presidentes</u>: **Vítor Aguiar e Silva**, Professor catedrático do Instituto de Letras e Ciências Humanas da Universidade do Minho – Coordenador. **João de Almeida Flor**, Professor catedrático da Faculdade de Letras da Universidade de Lisboa. **Ofélia Paiva Monteiro**, Professora catedrática aposentada da Faculdade de Letras da Universidade de Coimbra. <u>Área de Estudos Clássicos</u>: **Aires Nascimento**, Professor catedrático da Faculdade de Letras da Universidade de Lisboa; **José António Segurado e Campos**, Professor catedrático da Faculdade de Letras da Universidade de Lisboa; **Maria de Fátima de Sousa e Silva**, Professora catedrática da Faculdade de Letras da Universidade de Coim-

bra; **Maria Helena da Rocha Pereira**, Professora catedrática jubilada da Faculdade de Letras da Universidade de Coimbra. Área de Estudos Linguísticos: **Bernard Pottier**, Professor catedrático emérito da Universidade de Paris IV; **Ivo de Castro**, Professor catedrático da Faculdade de Letras da Universidade de Lisboa; **Joaquim Fonseca**, Professor catedrático da Faculdade de Letras da Universidade do Porto; **Jorge Morais Barbosa**, Professor catedrático da Faculdade de Letras da Universidade de Coimbra; **Maria Emília Ricardo Marques**, Professora catedrática da Universidade Aberta; **Maria Henriqueta Costa Campos**, Professora catedrática aposentada da Faculdade de Ciências Sociais e Humanas da Universidade Nova de Lisboa; **Telmo Verdelho**, Professor catedrático da Universidade de Aveiro. Área de Estudos Literários Românicos, Teoria da Literatura e Literatura Comparada: **Aníbal Pinto de Castro**, Professor catedrático da Faculdade de Letras da Universidade de Coimbra; **Cristina Robalo Cordeiro**, Professora associada com agregação da Faculdade de Letras da Universidade de Coimbra; **Fernando Cristóvão**, Professor catedrático aposentado da Faculdade de Letras da Universidade de Lisboa; **Helder Godinho**, Professor catedrático da Faculdade de Ciências Sociais e Humanas da Universidade Nova de Lisboa; **Helena Carvalhão Buescu**, Professora associada com agregação da Faculdade de Letras da Universidade de Lisboa; **João Camilo dos Santos**, Professor catedrático da Universidade da Califórnia, Santa Bárbara; Conselheiro Cultural da Embaixada de Portugal em Londres; **Manuel Gusmão**, Professor associado com agregação da Faculdade de Letras da Universidade de Lisboa; **Maria Alzira Seixo**, Professora catedrática da Faculdade de Letras da Universidade de Lisboa; **Maria Idalina Resina Rodrigues**, Professora catedrática da Faculdade de Letras da Universidade de Lisboa; **Maria Vitalina Leal de Matos**, Professora catedrática da Faculdade de Letras da Universidade de Lisboa; **Rosa Maria Goulart**, Professora catedrática da Universidade dos Açores; **Teresa Rita Lopes**, Professora Catedrática da Faculdade de Ciências Sociais e Humanas da Universidade Nova de Lisboa. Área de Estudos Anglísticos: **Carl James,** Professor catedrático da Universidade de Bangor, **Reino Unido; Hélio Osvaldo Alves**, Professor catedrático do Instituto de Letras e Ciências Humanas da Universidade do Minho; **Manuel Gomes da Torre**, Professor catedrático aposentado da Faculdade de Letras da Universidade do Porto; **Maria Irene Rama**lho, Professora catedrática da Faculdade de Letras da Universidade de Coimbra; **Maria Leonor Machado de Sousa**, Professora catedrática da Faculdade de Ciências Sociais e Humanas da

Universidade Nova de Lisboa. Área de Estudos Germanísticos: **Erwin Koller**, Professor catedrático convidado do Instituto de Letras e Ciências Humanas da Universidade do Minho; **Ludwig Scheidl**, Professor catedrático da Faculdade de Letras da Universidade de Coimbra. Área de Estudos Europeus: **José Esteves Pereira**, Professor catedrático da Faculdade de Ciências Sociais e Humanas da Universidade Nova de Lisboa. Área de História: **José Viriato Capela**, Professor catedrático do Instituto de Ciências Sociais da Universidade do Minho. Área de Ciências da Educação: **Leandro da Silva Almeida**, Professor catedrático do Instituto de Educação e Psicologia da Universidade do Minho; **Nicolau de Almeida Vasconcelos Raposo**, Professor catedrático da Faculdade de Psicologia e Ciências da Educação da Universidade de Coimbra; **Manuel Viegas de Abreu**, Professor catedrático da Faculdade de Psicologia e Ciências da Educação da Universidade de Coimbra. Secretários: **Maria Alice Campos, Ana Lúcia Terra** e **João Ramalho Fialho**

Cursos da Área de Química e Processos

Presidente: **Virgílio Meira Soares**, Professor catedrático do Departamento de Química e Bioquímica da Faculdade de Ciências da Universidade de Lisboa (desde 1979). Vice-Presidentes: **Fernando Manuel Ramôa Ribeiro**, Professor catedrático do Instituto Superior Técnico, Vice-Reitor da Universidade Técnica de Lisboa; **Carlos A. V. Costa**, Professor catedrático e Director da Faculdade de Engenharia da Universidade do Porto; **Lélio Quaresma Lobo**, Professor catedrático do Departamento de Engenharia Química da Faculdade de Ciências e Tecnologia da Universidade de Coimbra. Vogais: **José António Couto Teixeira**, Professor catedrático no Departamento de Engenharia Biológica da Universidade do Minho; **António José Venâncio Ferrer Correia**, Professor catedrático do Departamento de Química da Universidade de Aveiro; **Francisco Xavier Malcata**, Professor catedrático e Director da Escola Superior de Biotecnologia da Universidade Católica Portuguesa; **Carlos Alberto Nieto de Castro**, Professor catedrático do Departamento de Química da Faculdade de Ciências da Universidade de Lisboa; **Manuel J. T. Carrondo**, Professor catedrático do Departamento de Engenharia Química da Faculdade de Ciências e Tecnologia da Universidade Nova de Lisboa; **João Carlos Moura Bordado**, Professor associado convidado do Instituto Superior Técnico da Universidade Técnica de Lisboa; **Augusto Orlando Lopes de Queiroz No**vais, Investigador Principal - Director do Departamento de Modelação e Simulação de Processos do Instituto Nacional de Engenharia e Tecnologia Industrial (INETI); **Augusto Fernando Rodrigues e Castro**, Responsável do Núcleo de Físico – Química do Departamento da Qualidade do Laboratório de Análises dos Serviços Municipalizados de Águas e Saneamento do Porto; **Nuno Maria de Orey Soares Franco**, Técnico superior de qualidade na GalpEnergia; **António Sérgio Curvelo Garcia**, Estação Vitivinícola Nacional; **Manuel Yáñez**. Professor catedrático da Universidade Autónoma de Madrid; **Ian Alexander McLure**, Professor catedrático da Universidade de Sheffield; **José F. Colom Pastor**, Professor catedrático da Universidade Politécnica da Catalunha; **Antonio Mouriño**, Professor titular em Química Orgânica na Universidade de Santiago de Compostela; **Luis Alberto Avaca**. Professor titular do Instituto de Física e Química de São Carlos da Universidade de São Paulo. Assessores: **Júlio Maggiolly Novais**, Professor catedrático do Instituto Superior Técnico da Universidade Técnica de Lisboa; **Clemente Pedro Nunes**, Administrador da CUF; **José Manuel Abecassis Empis**, Professor associado do Instituto Superior Técnico da Universidade Técnica de Lisboa. Secretária: **Leonor Valente.**

3.º ANO DO 2.º CICLO DE AVALIAÇÃO

Cursos da Área de Ambiente

Presidente: **Carlos Borrego,** Professor Catedrático da Universidade de Aveiro. Vice-Presidentes: **José Filipe Santos Olivei**ra, Professor Catedrático da Faculdade de Ciências e Tecnologia da Universidade Nova de Lisboa; **Júlio Maggiolly Novais**, Professor Catedrático do Instituto Superior Técnico da Universidade Técnica de Lisboa. Vogais: **Rui Manuel Baptista Ganho**, Professor Catedrático da Faculdade de Ciências e Tecnologia da Universidade Nova de Lisboa; **Manuel Oliveira da Silva**, Professor Catedrático da Faculdade de Ciências da Universidade de Lisboa; **Jorge Ribeiro de Araújo**, Professor Catedrático da Universidade de Évora; **Alfredo Gonçalves Ferreira**, Professor Catedrático da Universidade de Évora; **Arménio Figueiredo**, Águas de Portugal; **Frederico Melo Franco**, ProSistemas – Consultores de Engenharia, S.A.; **Jaime Melo Baptista**, Investigador Coordenador do Laboratório Nacional de Engenharia Civil; **Arsénio Juan Gonzalez Martinez**, Professor Catedrático da Universidade de Huelva, Espanha; **Enrique Cabrera Marcet**, Professor Catedrático da Universidade Politécnica de Valência,

Espanha; **José Maria Baldasano Recio**, Professor Catedrático da Escola Técnica Superior de Engenharia Industrial da Universidade Politécnica da Catalunha. Secretário: **Miguel Conceição.**

Cursos das Áreas de Arquitectura e Arquitectura Paisagista

Presidente: **Mário Júlio Teixeira Krüger**, Professor catedrático da Faculdade de Arquitectura Universidade de Coimbra. Vice-Presidentes: **Nuno Portas**, Professor catedrático da Faculdade de Arquitectura da Universidade do Porto; **Gonçalo Ribeiro Telles**, Professor catedrático jubilado da Universidade de Évora. Vogais: **Domingos Manuel Campelo Tavares**, Professor catedrático da Faculdade de Arquitectura da Universidade do Porto; **Fernando Nunes da Silva**, Professor catedrático do Instituto Superior Técnico da Universidade Técnica de Lisboa; **Paulo Pinho**, Professor catedrático da Faculdade de Engenharia da Universidade do Porto; **Ário Lobo Azevedo**, Professor catedrático jubilado da Universidade de Évora; **Sérgio Leopoldo Fernandez Santos**, Arquitecto; **Gonçalo Byrne**, Arquitecto; **Duarte Cabral Melo**, Arquitecto; **António Luís Facco Viana Barreto**, Arquitecto Paisagista; **Alfonso Alvarez Mora**, Professor catedrático da Universidade de Valladolid; **Juan Luis de las Rivas Sanz**, Professor titular da Universidade de Valladolid; **Joan Puig Domenech**, Professor catedrático da Universidade Politécnica da Catalunha; **Josep Muntañola**; Professor titular da Universidade Politécnica da Catalunha. Secretário: **Rui Lobo.**

Cursos da Área de Ciência Física

Presidente: **Filipe Duarte Santos,** Professor catedrático da Faculdade de Ciências da Universidade de Lisboa. Vice-Presidentes: **Jorge Dias de Deus**, Professor catedrático do Instituto Superior Técnico da Universidade Técnica de Lisboa; **João António de Bessa Menezes e Sousa**, Professor catedrático da Faculdade de Ciências da Universidade do Porto; **Eduardo Ducla Soares**, Professor catedrático da Faculdade de Ciências da Universidade de Lisboa; **Carlos Fiolhais,** Professor catedrático da Faculdade de Ciências e Tecnologia da Universidade de Coimbra; **Sebastião José Formosinho Sanches Simões**, Professor catedrático da Faculdade de Ciências da Universidade de Coimbra. Vogais: **Armando José Policarpo**, Professor catedrático da Faculdade de Ciências e Tecnologia da Universidade de Coimbra; **Eduardo Jorge Seabra Lage**, Professor catedrático da Faculdade de Ciências da Universidade do Porto;

152 *Avaliação – Contributos para a Reformulação*

José Tito da Luz Mendonça, Professor catedrático do Instituto Superior Técnico da Universidade Técnica de Lisboa; **Carlos Alberto Nabais Conde**, Professor catedrático da Faculdade de Ciências e Tecnologia da Universidade de Coimbra; **Augusto Manuel Celorico Moutinho**, Professor catedrático da Faculdade de Ciências e Tecnologia da Universidade Nova de Lisboa; **José de Albuquerque Epifânio da Franca**, Professor catedrático do Instituto Superior Técnico da Universidade Técnica de Lisboa; **Luís Mendes Victor**, Professor catedrático jubilado da Faculdade de Ciências da Universidade de Lisboa; **Manuel António Ribeiro Pereira de Barros**, Professor catedrático da Faculdade de Ciências da Universidade do Porto; **Maria Salete Silva Carvalho Pinheiro Leite**, Professora catedrática da Faculdade de Ciências e Tecnologia da Universidade de Coimbra; **José Ferreira da Silva**, Professor catedrático da Faculdade de Ciências da Universidade do Porto; **Marília Fernandes Thomaz**, Professora catedrática da Universidade de Aveiro; **Maria Odete Tavares Alberto Tereno Valente**, Professora associada da Faculdade de Ciências da Universidade de Lisboa; **Armando José Latourrette de Oliveira Pombeiro**, Professor catedrático do Instituto Superior Técnico da Universidade Técnica de Lisboa; **António José Venâncio Ferrer Correia**, Professor ctedrático da Universidade de Aveiro; **Maria Irene Montenegro**, Professora catedrática da Universidade do Minho; **Fernanda Madalena de Abreu Costa**, Professora catedrática da Faculdade de Ciências da Universidade de Lisboa; **Manuel Magalhães Nunes da Ponte**, Professor catedrático do Instituto de Tecnologia Química e Biológica da Universidade Nova de Lisboa; **António Fernando Silva**, Professor catedrático da Faculdade de Ciências da Universidade do Porto; **José Manuel Rebordão**, Investigador Coordenador do Instituto Nacional de Engenharia e Tecnologia Industrial; **António Divino Moura**, Investigador do International Research Institute for Climate Prediction Linking Science with Society, EUA; **Pedro Gil Ferreira**, Lecturer – Universidade de Oxford; **José António Ribera Salcedo**, Presidente da MULTIWAVE NETWORKING, Inc. Califórnia, EUA; **Manuel Yañez**, Professor Catedrático da Universidade Autónoma de Madrid, Espanha; **António Mouriño**, Professor Catedrático da Universidade de Santiago de Compostela, Espanha. Secretária: **Leonor Valente.**

Cursos da Área de Ciências do Desporto

Presidente: **António José Ramos de Paula Brito**, Professor catedrático aposentado da Faculdade de Motricidade Humana da Universidade Técnica de Lisboa. Vice-Presidentes: **Francisco Alberto Arruda Carreiro da Costa**, Professor catedrático da Faculdade de Motricidade Humana da Universidade Técnica de Lisboa; **Jorge Olímpio Bento**, Professor catedrático da Faculdade de Ciências do Desporto e de Educação Física da Universidade do Porto. Vogais: **Francisco José Sobral Leal (*)**, Professor catedrático da Faculdade de Ciências do Desporto e Educação Física da Universidade de Coimbra; **Miguel Videira Monteiro**, Professor catedrático da Universidade de Trás-os-Montes e Alto Douro; **Jorge dos Santos Proença** Martins, Técnico de desporto e Professor Catedrático convidado da Universidade Lusófona de Humanidades e Tecnologias; **José Manuel Constantino**, Presidente da Confederação do Desporto de Portugal e Director do Departamento de Assuntos Sociais e Culturais da Câmara Municipal de Oeiras; **José Manuel Fragoso Alves Diniz**, Presidente da Sociedade Portuguesa de Educação Física; **Manuel da Silva Brito**, Presidente do Instituto Nacional de Desporto; **Antonio Oña Sicilia,** Professor Catedrático da Faculdad de Ciencias de la Actividad Física del Deporte da Universidade de Granada, Espanha; **Alfredo Faria Junior**, Professor Titular da Faculdade de Ciência do Desporto da Universidade Federal do Rio de Janeiro, Brasil; **Adroaldo César Gaya**, Professor Titular da Faculdade de Ciências da Educação da Universidade do Rio Grande do Sul, Brasil. Secretária: **Leonor Valente.**

Cursos da Área das Ciências Militares

Presidente: **Manuel Jacinto Nunes**, Professor catedrático jubilado do Instituto Superior de Economia e Gestão da Universidade Técnica de Lisboa. Vogais: **José Faia Pires Correia**, Coronel de Artilharia na situação de reforma; **Daniel Augusto Rodrigues**, Capitão-de-Mar-e-Guerra na situação de reforma e Investigador do Instituto de Oceanografia da Faculdade de Ciências da Universidade de Lisboa; **Fernando Carvalho Seabra**, Tenente-General da Força Aérea na situação de reserva; **Armando Teófilo Silva da Rocha Trindade**, .Professor catedrático da Universidade Aberta; **Mário Carneiro Vieira**, Capitão-de-Fragata em situação de reforma, e Professor Associado da US Naval Academy, Annapolis; **Luiz M. Mezzadra Lourenço**, Professor da Florida State University, USA (AFA); **Bernard Boëne**, Professor da Academia de Saint-Cyr. Secretários: **Sérgio Nunes** e **Cristina Marques.**

(*) Pediu escusa das funções de avaliador externo.

154 *Avaliação – Contributos para a Reformulação*

Cursos das Áreas de Engenharia Civil e Engenharia de Minas

Presidente: **António José Correia Mineiro**, Professor catedrático da Faculdade de Ciências e Tecnologia da Universidade Nova de Lisboa. Vice-Presidentes: **Manuel Américo Gonçalves da Silva**, Professor catedrático da Faculdade de Ciências e Tecnologia da Universidade Nova de Lisboa; **António Betâmio de Almeida**, Professor catedrático do Instituto Superior Técnico da Universidade Técnica de Lisboa; **António José Magalhães Silva Cardoso**, Professor catedrático da Faculdade de Engenharia da Universidade do Porto; **Luís Aires de Barros**, Professor catedrático jubilado do Instituto Superior Técnico da Universidade Técnica de Lisboa. Vogais: **Joaquim Sampaio(*)**, Professor catedrático jubilado da Universidade do Minho; **Luís Miguel da Cruz Simões**, Professor catedrático da Faculdade de Ciências e Tecnologia da Universidade de Coimbra; **Raimundo Moreno Delgado**, Professor catedrático da Faculdade de Engenharia da Universidade do Porto; **Fernando Veloso Gomes**, Professor catedrático da Faculdade de Engenharia da Universidade do Porto; **Arnaldo Humberto Sousa Melo**, Professor catedrático da Faculdade de Engenharia da Universidade do Porto; **José António Simões Cortez**, Professor catedrático jubilado da Faculdade de Engenharia da Universidade do Porto; **Fernando Nunes da Silva**, Professor catedrático do Instituto Superior Técnico da Universidade Técnica de Lisboa; **Rysard Kovalczyk**, Professor catedrático Jubilado da Universidade da Beira Interior; **Artur Pinto Ravara**, Investigador Coordenador aposentado do Laboratório Nacional de Engenharia Civil; **Eduardo Cansado Carvalho**, Investigador Coordenador do Laboratório Nacional de Engenharia Civil; **Carlos Alberto de Morais Brás**, Major-General da Academia da Força Aérea; **Isaías de Figueiredo Ribeiro**, Coronel Engenheiro da Academia Militar; **José Manuel Rosado Catarino**, Investigador Coordenador do Laboratório Nacional de Engenharia Civil; **Manuel Esteves Ferreira**, Investigador Coordenador Aposentado do Laboratório Nacional de Engenharia Civil; **José Ângelo Vasconcelos de Paiva**, Investigador Coordenador do Laboratório Nacional de Engenharia Civil; **Delfim de Carvalho**, Vice-Presidente da Empresa de Desenvolvimento Mineiro (EDN); **Luiz Bevilacqua**, Professor catedrático da Universidade Federal do Rio de Janeiro, Brasil; **José Luis Juam Aracil**, Professor catedrático ETSICCP, Madrid, Espanha; **José Luis Justo**

(*) Substituído pelo Prof. Doutor **Vasco Manuel Araújo Peixoto de Freitas**, professor catedrático da Universidade do Porto.

Alpañes, Professor catedrático da ETSARQ, Sevilha, Espanha; **Rafael Fernández Rubio**, Professor catedrático da Universidade Politécnica de Madrid. Secretária: **Vera Vicente.**

Cursos das Áreas de Ergonomia, Reabilitação Especial e Psicologia Clínica

Presidente: **Kelo Correia da Silva**, Professor catedrático jubilado da Faculdade de Motricidade Humana da Universidade Técnica de Lisboa. Vice-Presidente: **Nicolau de Almeida Vasconcelos Raposo**, Professor catedrático da Faculdade de Psicologia e Ciências da Educação da Universidade de Coimbra. Vogais: **Marianne Lacomblez**, Professora catedrática da Faculdade de Psicologia e Ciências da Educação da Universidade do Porto; **João Gomes Pedro**, Professor catedrático da Faculdade de Medicina da Universidade de Lisboa; **Eduardo Lopes Nunes**, Professor catedrático aposentado da Faculdade de Ciências do desporto e Educação Física da Universidade do Porto, actualmente no ISMAI; **Joaquim da Cruz Reis**, Professor associado da Universidade Independente; **José Augusto Correia Brito Xavier**, Presidente do Instituto de Desenvolvimento e Inspecção de Condições do Trabalho (IDICT); **Sandra Luísa de Sousa Martinho Marques**, Directora da Federação Nacional de Cooperativas de Solidariedade Social; **Yvon Queinnec**, Professor Emérito da Universidade de Toulouse Le Mirail, França. **Secretária: Carla Vieira.**

Cursos das Áreas de Farmácia e Ciências da Nutrição

Presidente: **Francisco José Amorim Carvalho Guerra**, Professor catedrático jubilado da Faculdade de Farmácia da Universidade do Porto. Vice-Presidente: **António Proença Mário Augusto da Cunha,** Professor catedrático da Faculdade de Farmácia da Universidade de Coimbra. Vogais: **Maria Odette Santos Ferreira**, Professora catedrática jubilada da Faculdade de Farmácia da Universidade de Lisboa; **Conceição Martins**, Professora catedrática da Universidade de Trás-os-Montes e Alto Douro; **Maria Helena Saldanha Domingues Freire de Oliveira**, Professora catedrática da Faculdade de Medicina da Universidade de Coimbra; **António Celestino do Carmo Cavaco**, ex-Director do Laboratório de Produtos Químicos e Farmacêuticos; **Maria Odete Santos Isabel**, Directora dos Serviços Farmacêuticos dos Hospitais da Universidade de Coimbra; **Alexandra Gabriela Bento Pinto**, Presidente da

156 *Avaliação – Contributos para a Reformulação*

Direcção da Associação Portuguesa dos Nutricionistas; **Alfonso Domínguez-Gil Hurlé**, Professor Catedrático da Faculdade de Farmácia da Universidade de Salamanca; **Alfredo Martínez Hernández**, Professor Catedrático da Universidade de Navarra; **Benito del Castillo Garcia**, Professor Catedrático da Universidade Complutense de Madrid (*). Secretário: Guido Rodrigues.

Cursos da Área de Geografia/Planeamento Urbano

Presidente: **Carminda Cavaco**, Professora Catedrática da Universidade de Lisboa. Vice-Presidentes: **António de Brum Ferreira**, Professor Catedrático da Universidade de Lisboa; **João Ferrão**, Investigador do Instituto de Ciências Sociais da Universidade de Lisboa. Vogais: **Lucília Caetano**, Professora Catedrática da Universidade de Coimbra; **Rosa Fernanda M. da Silva**, Professora Catedrática da Universidade do Porto; **Manuel Leal da Costa-Lobo**, Professor Catedrático Jubilado do Instituto Superior Técnico da Universidade Técnica de Lisboa; **Orlando Borges**, Presidente do Instituto Nacional da Água; **José António Sequeira de Carvalho**, D.G. Developpement, Bruxelas; **Lorenzo Lopez Trigal**, Professor Catedrático da Universidade de Leon, Espanha; **Christopher Jensen Butler** , Professor da Universidade de St. Andrews, Reino Unido; **Juan Romero**, Professor da Universidade de Valência, Espanha. Secretária: **Ana Cristina Caetano.**

Cursos da Área de Geologia

Presidente: **Manuel Maria Godinho**, Professor catedrático da Faculdade de Ciências e Tecnologia da Universidade de Coimbra. Vice-Presidentes: **Joaquim Renato Araújo**, Professor catedrático aposentado da Universidade de Aveiro; **Martim Ramiro Vasconcelos Portugal Ferreira**, Professor catedrático aposentado da Faculdade de Ciências e Tecnologia da Universidade de Coimbra. Vogais: **António José Magalhães Silva Cardoso**, Professor catedrático da Faculdade de Engenharia da Universidade do Porto; **Maria Susana Newton de Almeida Santos**, Professora catedrática da Faculdade de Ciências e Tecnologia da Universidade de Coimbra; **Rogério Eduardo Bordalo da Rocha**, Professor associado com agregação da Faculdade de Ciências e Tecnologia da Universidade Nova de Lisboa; **Vítor Manuel de Sousa Trindade**, Pro-

---

(*) Participou na avaliação mas o seu nome não integrou a lista homologada.

fessor associado com agregação da Universidade de Évora; **Augusto Manuel Teixeira Cardoso**, Professor aposentado do Ensino Secundário; **Bernardo José Ferreira Reis**, Geólogo, profissional liberal; **Ricardo Alberto Matos de Oliveira**, Investigador Coordenador do LNEC; **Alberto Casas**, Professor Catedrático da Universidade Barcelona; **Luis Gonzalez de Vallejo**, Professor Catedrático da Universidade Complutense de Madrid. Secretária: **Isabel Maria de Moura Rebelo.**

Cursos da Área de Medicina Dentária

Presidente: **José M. Toscano Rico**, Professor Catedrático da Faculdade de Medicina da Universidade de Lisboa e Presidente da Classe de Ciências da Academia de Ciências de Lisboa. Vice-Presidente: **Jorge Leitão**, Professor Catedrático da Faculdade de Medicina Dentária da Universidade de Lisboa. Vogais: **Fernando Jorge Morais Branco**, Professor Catedrático da Faculdade de Medicina Dentária da Universidade do Porto; **João Luís Maló de Abreu**, Professor Catedrático da Faculdade de Medicina da Universidade de Coimbra; **Frederico Teixeira**, Professor Catedrático da Faculdade de Medicina da Universidade de Coimbra; **Alberto Barros**, Professor Catedrático da Faculdade de Medicina da Universidade do Porto (*); **Alfonso Villa Vigil**, Professor Catedrático da Universidade de Oviedo, Espanha; **Mariano Sanz**, Professor Titular da Faculdade de Odontologia da Universidade Complutense de Madrid. Secretário: **Samuel Dimas**.

4.º ANO DO 2.º CICLO DE AVALIAÇÃO

Cursos da Área de Direito

Presidente: **José Joaquim Gomes Canotilho**, Professor catedrático da Faculdade de Direito da Universidade de Coimbra. Vogais: **António Luciano de Sousa Franco**, Professor catedrático da Faculdade de Direito da Universidade de Lisboa (1); **António Menezes Cordeiro,** Professor catedrático da Faculdade de Direito da Universidade de Lisboa; **Diogo Freitas do Amaral**, Professor catedrático da Faculdade de Direito da Universidade Nova de Lisboa; **Alfredo José Castanheira Neves**,

---

(*) Pediu escusa de funções.
(1) Entretanto falecido.

158   *Avaliação – Contributos para a Reformulação*

Presidente do Conselho Superior da Ordem dos Advogados; **António da Costa Neves Ribeiro**, Juiz Conselheiro do Supremo Tribunal de Justiça; **António Francisco de Araújo Lima Cluny**, Procurador-Geral Adjunto do Tribunal de Contas; **Jaime Octávio Cardona Ferreira**, Juiz Conselheiro jubilado, ex-Presidente do Supremo Tribunal de Justiça; **José Augusto Sacadura Garcia Marques**, Juiz Conselheiro jubilado do Supremo Tribunal de Justiça; **José Manuel de Matos Fernandes**, Juiz Conselheiro aposentado do Supremo Tribunal de Justiça; **José Manuel Moreira Cardoso da Costa**, Professor catedrático convidado da Faculdade de Direito da Universidade de Coimbra, ex-Presidente do Tribunal Constitucional; **Manuel da Costa Andrade**, Professor catedrático da Faculdade de Direito da Universidade de Coimbra; **Mário Júlio Brito de Almeida Costa**, Professor catedrático da Faculdade de Direito da Universidade de Coimbra; **Miguel Eiró**, Advogado e membro do Conselho Geral da Ordem dos Advogados; **Rogério Guilherme Ehrhardt Soares** (1), Professor catedrático da Faculdade de Direito da Universidade de Coimbra; **Eduardo Garcia de Enterria** (1), Professor Emérito da Universidade Complutense de Madrid; **Francisco dos Santos Amaral Neto**, Professor da Universidade Federal do Rio de Janeiro; **Jose António Gómez Segade**(1), Professor catedrático da Universidade de Santiago de Compostela, **José Luis Meilán Gil**, Professor catedrático e ex-Reitor da Universidade da Corunha. Secretárias: **Olga Canas, Cristina Marques, Raquel Ferreira** e **Vera Vicente**.

Cursos das Áreas de Relações Internacionais e de Ciência Política

Presidente: **José Esteves Pereira**, Professor catedrático da Faculdade de Ciências Sociais e Humanas da Universidade Nova de Lisboa. Vogais: **Adelino Torres Guimarães**, Professor catedrático do Instituto Superior de Economia e Gestão da Universidade Técnica de Lisboa; **Óscar Soares Barata**, Professor catedrático do Instituto Superior de Ciências Sociais e Políticas da Universidade Técnica de Lisboa; **Narana Sinai Coissoró**, Professor catedrático jubilado do Instituto Superior de Ciências Sociais e Políticas da Universidade Técnica de Lisboa; **Raquel Soeiro de Brito**, Professora catedrática jubilada da Faculdade de Ciências Sociais e Humanas da Universidade Nova de Lisboa; **António Emílio Barreto Ferraz Sachetti**, Vice-Almirante, Presidente do Grupo

---

(1) Não participaram no processo de avaliação.

de Estudos e Reflexão de Estratégia (GERE), Marinha; **Leonardo Mathias**, Embaixador; **Fernando Reino**, Embaixador jubilado; **Paulo Roberto de Mendonça Motta**, Professor Titular, Fundação Getúlio Vargas; **Rafael Calduch Cervera**, Professor catedrático da Universidade Complutense de Madrid; **Vamirech Chacon**, Professor catedrático da Universidade de Brasília. <u>Assessor</u>: **José Manuel Moreira**, Professor catedrático da Universidade de Aveiro. <u>Secretária</u>: **Andrea Valente**.

Curso da Área de Antropologia

<u>Presidente</u>: **Jill Dias**, Professora Catedrática da Universidade Nova de Lisboa. <u>Vogais</u>: **Carlos Diogo Moreira**, Professor catedrático da Universidade Técnica de Lisboa; **Manuel Laranjeira Rodrigues de Areia**, Professor catedrático da Universidade de Coimbra; **Brian Juan O'Neill**, Professor catedrático do ISCTE; **Joan Josep Pujadas Muñoz**, Professor Catedrático, Univ. Rovira i Virgili (Tarragona) (*). <u>Secretária</u>: **Carla Vieira**.

Cursos da Área de Medicina

<u>Presidente</u>: **Luís Silva Carvalho**, Professor catedrático da Universidade de Lisboa. <u>Vogais</u>: **Manuel Sobrinho Simões**, Professor catedrático da Universidade do Porto (**); **António Meliço-Silvestre**, Professor catedrático da Universidade de Coimbra; **Luís Portela**, Presidente do Grupo Bial; **Fernando Lopes da Silva**, Professor catedrático da Universidade de Amsterdam; **Margarita Barón-Maldonado**, Professora catedrática da Universidade de Alcalá. <u>Assessores</u>: **Pedro Nunes**, membro da Direcção da Ordem dos Medidos; **Miguel Leão**, membro da Direcção da Ordem dos Medidos. <u>Secretária</u>: **Maria Emília Leite Pereira**.

Cursos da Área de Sociologia

<u>Presidente</u>: **João Freire**, Professor Catedrático do ISCTE. <u>Vogais</u>: **Carlos José Cândido Guerreiro Fortuna**, Professor catedrático da Universidade de Coimbra; **Nelson Lourenço**, Professor catedrático da Universidade Nova de Lisboa; **António Teixeira Fernandes**, Professor

---

(*) Pediu escusa e foi substituído pela Professora Doutora **Mary Bouquet**, Professora catedrática da Universidade de Utrecht, que integrou a CAE na qualidade de assessora.

(**) Renunciou.

160 *Avaliação – Contributos para a Reformulação*

catedrático da Universidade do Porto; **José Carvalho Ferreira**, Professor catedrático da Universidade Técnica de Lisboa; **Manuel da Silva e Costa**, Professor catedrático da Universidade do Minho; **Isabel M. Carvalho Guerra**, Professora catedrática do ISCTE; **João Pereira Neto**, Professor catedrático da Universidade Técnica de Lisboa; **Inácio Rebelo de Andrade**, Professor catedrático jubilado da Universidade de Évora; Universidade Lusófona; **Adriano Duarte Rodrigues**, Professor catedrático da Universidade Nova de Lisboa; **Vitor Matias Ferreira**, Professor catedrático do ISCTE; **Jean Kellerhals**, Universidade de Genebra; **Tom Burns**, Universidade de Uppsala; **Fernando Medeiros**, Universidade de Nanterre. Secretário: **António Martinho**.

Cursos da Área de Economia

Presidente: **António Simões Lopes**, Professor catedrático do Instituto Superior de Economia e Gestão da Universidade Técnica de Lisboa. Vogais: **João Alberto de Sousa Andrade**, Professor catedrático da Faculdade de Economia da Universidade de Coimbra; **António Cunha Brandão**, Professor catedrático da Faculdade de Economia da Universidade do Porto; **João Ferreira do Amaral**, Professor catedrático do Instituto Superior de Economia e Gestão da Universidade Técnica de Lisboa; **Fernando Brito Soares**, Professor catedrático da Faculdade de Economia da Universidade Nova de Lisboa; **Maria Margarida Proença**, Professora catedrática da Universidade do Minho; **João Albino Silva**, Professor catedrático da Faculdade de Economia da Universidade do Algarve; **João Fernandes Rebelo**, Professor catedrático da Universidade de Trás-os-Montes e Alto Douro; **José António Girão**, Professor catedrático da Faculdade de Economia da Universidade Nova de Lisboa; **João Ruiz de Almeida Garret**, Professor catedrático da Faculdade de Direito da Universidade de Coimbra; **Alberto João Coraceiro de Castro**, Professor associado da Universidade Católica Portuguesa; **Nuno João de Oliveira Valério**, Professor catedrático do Instituto Superior de Economia e Gestão da Universidade Técnica de Lisboa; **José da Silva Costa**, Professor catedrático da Faculdade de Economia da Universidade do Porto; **Luís Miguel Beleza**, Consultor do BCP; **José da Silva Lopes**, Banco de Portugal; **Jaime Reis**, Investigador Coordenador do Instituto de Ciências Sociais da Universidade de Lisboa; **Victor Augusto Mendes dos Santos**, Director do Gabinete de Estudos da Comissão de Mercado e Valores Mobiliários; **João Cabral dos Santos**, Senior Economist, Federal Reserve Bank of New York; **Maria da Graça Fonseca**, Universidade Federal do Rio de Janeiro; **Rodolphe dos Santos Ferreira (*)**, Professor do Departamento de Ciências Económicas e de Gestão da Universidade Louis Pasteur, Strasbourg; **Ignacy Sachs (*)**, Professor da Escola de Altos Estudos em Ciências Sociais (EHESS – Paris); **Claude Berthomieu**, Professor catedrático da Universidade de Nice. Secretários: **Leonor Valente, Rita Lages** e **Guido Rodrigues.**

Cursos da Área de Medicina Veterinária

Presidente: **Tito Horácio Fernandes**, Professor catedrático da Faculdade de Medicina Veterinária da Universidade Técnica de Lisboa. Vogais: **José Antunes Afonso Almeida**, Professor catedrático da Universidade de Évora; **Maria da Conceição Martins C. Rosário**, Professora catedrática da Universidade de Trás-os-Montes e Alto Douro(**); **Martin Tielen**, Professor catedrático da Universidade de Utreque, Holanda; **Giovanni Re**,Professor catedrático da Universidade de Turim, Itália. Assessor: **Heriberto Rodriguez Martinez**, Professor catedrático da Universidade de Uppsala, Suécia. Secretária: **Vera Vicente.**

5.º ANO DO 2.º CICLO DE AVALIAÇÃO

Cursos da Área de Acção Social

Presidente: **Carlos Diogo Moreira**, Professor catedrático do Instituto Superior de Ciências Sociais e Políticas da Universidade Técnica de Lisboa. Vice-Presidente: **Alcina Maria de Castro Martins**, Professora associada do Instituto Superior Miguel Torga. Vogais: **Fernanda Perpétua Rodrigues**, Professora auxiliar da Universidade Católica Portuguesa; **Maria Helena Vieira Nunes**, Professora auxiliar da Universidade Católica Portuguesa; **Francisco José do Nascimento Branco**, Professor associado do Instituto Superior de Serviço Social de Lisboa; **Maria Teresa Serôdio Rosa**, Professora auxiliar da Universidade Católica Portuguesa; **Adília Maria Ferreira**, Mestre em Serviço Social, Técnica Superior Principal de Serviço Social, Câmara Municipal de Loures; **Bernardo Alfredo Henríquez Cornejo**, Presidente do Centro Português de Investigação em História e Trabalho Social, da Fundação para a Ciência e

---

(*) Não participaram na avaliação.
(**) Não participou no processo de avaliação.

Tecnologia; **Myrian Veras Baptista**, Professora Titular da Pontifícia Universidade Católica de S. Paulo, Brasil; **Maria Carmelita Yazbek**, Assistente Doutor da Pontifícia Universidade Católica de S. Paulo; Rudolph **Franciscus Maria van den Hoven**, Professor Auxiliar, Universidade Católica Portuguesa. Secretária: **Andrea Valente**.

Cursos da Área de Belas Artes e Design

Presidente: **Joaquim Manuel Lima de Carvalho**, Professor catedrático da Faculdade de Belas Artes da Universidade de Lisboa. Vogais: **António Pedro Ferreira Marques**, Professor associado da Faculdade de Belas Artes, da Universidade de Lisboa; **António Quadros Ferreira**, Professor associado com agregação da Faculdade de Belas Artes, da Universidade do Porto; **Augusto Artur Silva Pereira Brandão**, Professor catedrático da Faculdade de Belas Artes da Universidade de Lisboa; Diogo Frederico Lemos Cerveira Alcoforado, Professor associado da Faculdade de Letras, da Universidade do Porto; **Francisco Artur de Vaz Tomé Laranjo**, Professor associado da Faculdade de Belas Artes da Universidade do Porto; **João Barata Feyo**, Professor auxiliar da Faculdade de Belas Artes da Universidade do Porto; **Joaquim Pereira Pinto Vieira**, Professor catedrático da Faculdade de Arquitectura, da Universidade do Porto; **Jorge Vidal Correia da Silva**, Professor catedrático da Faculdade de Belas Artes da Universidade de Lisboa; **Luís Filipe Marques de Abreu**, Professor catedrático da Faculdade de Belas Artes da Universidade de Lisboa; **Manuel João Ribeiro Dixo**, Professor associado com agregação da Escola Universitária das Artes de Coimbra; **Vítor Manuel Teixeira Manaças**, Professor auxiliar convidado da Faculdade de Belas Artes da Universidade de Lisboa; **Vítor Pedro Pereira Dias Rocha**, Professor associado da Faculdade de Belas Artes da Universidade do Porto; **Agostinho Ricca Gonçalves**, Arquitecto; **José Aleixo da França Sommer Ribeiro**, Director/Administrador da Fundação Arpad Szenes/Vieira da Silva; **Manuel da Costa Cabral**, Director dos Serviços de Belas Artes da Fundação Calouste Gulbenkian. Assessores: **Luís António Aires de Barros**, Professor associado com agregação do Instituto Superior Técnico da Universidade Técnica de Lisboa; **José Mendes Lucas**, Professor associado da Universidade da Beira Interior; **Rui Alberto Lopes Miguel**, Professor associado da Universidade da Beira Interior; **Maria Luísa Rosendo Cabral**, Directora de Serviços da Biblioteca Nacional; **João Emídio Silva Costa Pessoa**, Professor Associado com Agregação da UTL; **Vasco Afonso Silva Branco**, Professor associado da Universidade de Aveiro; **Fernando Jorge Monteiro Carvalho**, Professor auxiliar convidado da Faculdade de Belas Artes da Universidade de Lisboa; **José Augusto Nunes Bragança Miranda**, Professor associado com agregação da Faculdade de Ciências Sociais e Humanas da Universidade Nova de Lisboa; **José Rui Carvalho Mendes Marcelino**, Professor convidado da EUAC; **Maria José Oliveira Geraldes**, Professora Associada da Universidade da Beira Interior. <u>Secretária</u>: **Carla Vieira.**

Cursos da Área de Ciências da Educação

<u>Presidente</u>: **Albano Cordeiro Estrela**, Professor catedrático jubilado da Faculdade de Psicologia e de Ciências da Educação, da Universidade de Lisboa. <u>Vogais</u>: **João José dos Santos Matos Boavida**, Professor catedrático da Faculdade de Psicologia e de Ciências da Educação, da Universidade de Coimbra; **Licínio Carlos Viana da Silva Lima**, Professor catedrático da Universidade do Minho; **Rogério António Fernandes**, Professor catedrático jubilado da Faculdade de Psicologia e de Ciências da Educação, da Universidade de Lisboa; **Charles Gardou**, Professor catedrático da Universidade Lumiére – Lyon 2. <u>Secretária</u>: **Vera Vicente.**

Cursos da Área de Ciências e Tecnologias da Comunicação

<u>Presidente</u>: **António Carreto Fidalgo**, Professor catedrático da Universidade da Beira Interior. <u>Vogais</u>: **Manuel José Lopes da Silva**, Professor catedrático jubilado da Faculdade de Ciências Sociais e Humanas da Universidade Nova de Lisboa; **Moisés de Lemos Martins,** Professor catedrático da Universidade do Minho; **Aníbal Augusto Alves**, Professor catedrático da Universidade do Minho; **José Eduardo Valente Borges de Pinho**, Professor catedrático da Faculdade de Teologia da Universidade Católica Portuguesa; **Eugénio Francisco dos Santos**, Professor catedrático da Faculdade de Letras da Universidade do Porto; **José Esteves Rei**, Professor catedrático da Universidade de Trás-os-Montes e Alto Douro; **Francisco José Costa Pereira**, Professor coordenador (equiparado) da Escola Superior de Comunicação Social, do Instituto Politécnico de Lisboa; **José Manuel Paquete de Oliveira**, Presidente da SOPCOM e da LUSOCOM e Professor Associado do Instituto Superior de Ciências do Trabalho e da Empresa (ISCTE); **Mário António da Mota Mesquita**, Jornalista, ex-Director do "Diário de Notícias" e do

"Diário de Lisboa", Professor-adjunto da Escola Superior de Comunicação Social, do Instituto Politécnico de Lisboa (*); **João Maria de Moraes Palmeiro**, Presidente da Associação Portuguesa de Imprensa; **Mário Waddington Bettencourt Resendes**, Director-Geral de Publicações da Lusomundo Media; **Margarita Ledo Andión**, Professora Catedrática da Universidade de Santiago de Compostela, Espanha; **Antonio Fausto Neto**, Professor Titular da Universidade Vale do Rio dos Sinos, Brasil; **Marcial Murciano Martinez**, Decano da Universidade Autónoma de Barcelona, Espanha; **Bernardo Díaz Nosty**, Professor Catedrático da Universidade de Málaga, Espanha; Secretárias: **Ivone Ferreira** e **Catarina Moura**.

Licenciatura em Ciências Policiais

Presidente: **José Alberto de Azeredo Ferreira Lopes**, Professor auxiliar da Faculdade de Direito da Universidade Católica Portuguesa. Vogais: **João Manuel Cunha da Silva Abrantes**, Professor catedrático da Faculdade de Motricidade Humana da Universidade Técnica de Lisboa; **Nuno Severiano Teixeira**, Professor auxiliar da Faculdade de Ciências Sociais e Humanas da Universidade Nova de Lisboa; **Francisco Miguel Gouveia Pinto Proença Garcia**, Major do Exército, doutor em História, docente da Academia Militar e do Instituto de Altos Estudos Militares; **José Garcia San Pedro**, Tenente-Coronel da Guardia Civil Espanhola, doutor em Direito, professor na Academia de oficiais da Guardia Civil. Secretária: **Cristina Marques**.

Cursos da Área de Formação de Professores em Educação de Infância e Ensino Básico (1º CICLO)

Presidente: **João Manuel Formosinho Sanches Simões**, Professor catedrático da Universidade do Minho. Vogais: **Ermelindo Manuel Bernardo Peixoto**, Professor catedrático da Universidade dos Açores; **Esperança do Rosário Jalles Ribeiro**, Professora coordenadora do Instituto Politécnico de Viseu; **Idália Sá Chaves**, Professora associada da Universidade de Aveiro; **Maria Isabel Tavares Pinheiro Martins**, Professora associada da Universidade de Aveiro; **Jorge Manuel Ávila de Lima**, Professor auxiliar da Universidade dos Açores; **Maria do Céu**

(*) Pediu escusa de funções.

Neves Roldão, Professora coordenadora do Instituto Politécnico de Santarém; **Natércio Augusto Garção Afonso**, Professor auxiliar convidado da Universidade de Lisboa; **Vítor Manuel de Sousa Trindade**, Professor associado com agregação da Universidade de Évora; **Álvaro Manuel da Silva Santos**, Secretário do Conselho Científico-Pedagógico da Formação Contínua; **Maria Isabel Ramos Lopes da Silva**, Dirigente do Grupo de Estudos para o Desenvolvimento da Educação de Infância; **Júlia de Fátima Domingues Basto de Oliveira Formosinho**, Dirigente da Associação Criança, Directora do Centro de Pedagogia da Infância da Associação Criança; **Sérgio Niza**, Fundador e Dirigente do MEM – Movimento da Escola Moderna; **Manoel Oriosvaldo de Moura**, Professor associado da Universidade de São Paulo – Brasil; **Miguel A. Zabalza**, Professor catedrático da Universidade de Santiago de Compostela – Espanha; **Tizuko Morchida Kishimoto**, Professora Titular da Universidade de S. Paulo – Brasil. Secretário: **Jorge Louro**.

Cursos da Área de Música e Artes do Espectáculo

Presidente: **Gerhard Otto Doderer**, Professor catedrático da Faculdade de Ciências Sociais e Humanas da Universidade Nova de Lisboa. Vogais: **Maria Helena Zaira Diniz de Aiala Serôdio Pereira**, Professora catedrática da Faculdade de Letras Universidade de Lisboa; **João Pedro Oliveira**, Professor catedrático da Universidade de Aveiro; **Ivette Kace Centeno Moreira**, Professora catedrática da Universidade Nova de Lisboa; **Christopher Consitt Bochmann**, Professor coordenador (equiparado) da Escola Superior de Música de Lisboa; **Paolo Pinamonti**, Investigador, Universidade Ca'Foscari Venezia (*); **Tilman Seebass**, Professor Ordinario da Universidade de Innsbruck; **Ricardo Tacuchian**, Professor Titular da Universidade Federal do Rio de Janeiro; **Francesc Bonastre Bertran**, Professor Catedrático da Universidade Autónoma de Barcelona; **Cecília Grácio Moura**, artista independente. Secretária: **Vera Vicente**.

Cursos da Área de Psicologia

Presidente: **Adelina Natércia Cunha Lopes da Silva**, Professora catedrática da Faculdade de Psicologia e de Ciências da Educação da Universidade de Lisboa. Vogais: **Saul Neves de Jesus**, Professor cate-

---

(*) Não participou nos trabalhos da CAE.

drático da Universidade do Algarve; **Marianne Lacomblez**, Professora catedrática da Faculdade de Psicologia e de Ciências da Educação da Universidade do Porto; **Ana Paula Relvas**, Professora catedrática da Faculdade de Psicologia e de Ciências da Educação da Universidade de Coimbra; **Joaquim Armando Gomes Alves Ferreira**, Professor catedrático da Faculdade de Psicologia e de Ciências da Educação da Universidade de Coimbra; **Maria Benedicta Vassalo Pereira Bastos Monteiro**, Professora catedrática do ISCTE; **Danilo Rodrigues Silva**, Professor catedrático aposentado da Faculdade de Psicologia e de Ciências da Educação da Universidade de Lisboa; **Óscar Filipe Coelho Neves Gonçalves**, Professor catedrático da Universidade do Minho; **Jorge Manuel Vala Salvador**, Professor catedrático do Instituto Superior e Ciências do Trabalho e da Empresa (ISCTE); **Ana Maria da Fonseca Loya**, Directora-Geral da RAY Human Capital; **Samuel Silvestre Antunes**, Director Executivo da RHM - Management de Recursos Humanos; **Maria Fernanda Barata Antunes Bento**, Coordenadora de Formação da ANA; **Daniel Joaquim Teixeira Basto**, Director Pedagógico e Administrador da "École Française de Porto Marius Latour"; **José M. Peiro Silla**, Professor catedrático da Universidade de Valência; **Juan José Miguel Tobal**, Professor catedrático da Universidade Complutense de Madrid; **José António Carrobles Isabel**, Professor catedrático da Universidade Autónoma de Madrid; **Gerardo Prieto Adanez**, Professor catedrático da Universidade de Salamanca; **Gonzalo Musitu Ochoa**, Professor catedrático da Universidade de Valência. Secretária: **Leonor Valente**.

Cursos da Área de Turismo

Presidente: **João Albino da Silva**, Professor catedrático da Universidade do Algarve. Vogais: **Minoo Farhangmehr**, Professora catedrática da Universidade do Minho; **Licínio Alberto Almeida Cunha**, Professor catedrático convidado da Universidade Lusófona de Humanidades e Tecnologias; **José Erasmo Campello**, Centro de Ciências Sociais, Universidade Federal do Maranhão, Brasil. Secretária: **Vera Vicente**.

ANEXO D

Campos de apreciação

1. ORGANIZAÇÃO INSTITUCIONAL

a) Integração do curso na instituição, com referência à sua estratégia. Compreensão da missão institucional (funções de ensino, investigação e prestação de serviços);
b) Organização interna da instituição que facilite a inserção e o desenvolvimento do curso e os mecanismos de qualidade;
c) Envolvimento dos órgãos da instituição e dos docentes no curso;
d) Empenho da instituição (aproveitamento das características e das potencialidades das unidades orgânicas; empenho interdepartamental no curso);
e) Grau e qualidade da participação dos alunos nos órgãos pedagógicos.

2. OBJECTIVOS DO CURSO

a) Identificação do/s domínio/s científico/s em que o curso se integra;
b) Maior ou menor clareza da especificação dos objectivos definidos para o curso (conhecimentos básicos e específicos, capacidades e competências);
c) Relevância de cada um dos objectivos (social, económica, cultural) e sua coerência global;
d) Informação pertinente dos objectivos dos cursos designadamente quanto aos alunos, empregadores e outras entidades sociais;
e) Opções curriculares oferecidas, a sua inserção numa estratégia científica e pedagógica sólida e a sua correspondência com uma correcta análise do mercado de trabalho;

3. PLANO DE ESTUDOS

a) Metodologia assumida de conceptualização curricular, traduzida numa perspectiva de correspondência aos objectivos previamente propostos;
b) As áreas científicas cobertas e o seu peso relativo (ciências de base , ciências de especialidade e complementares), as disciplinas obrigatórias e de opção, os seminários, projectos, estágios, e sua adequação aos objectivos;
c) Formas e graus de integração curricular horizontal e vertical;
d) Formação resultante no sentido de potenciar a capacidade inovadora/receptora dos alunos de molde a acompanharem e a intervirem no progresso científico e técnico;

Avaliação – Contributos para a Reformulação

e) Juízo sobre a metodologia e a organização correspondente (e sua flexibilidade), incluindo o sentido participativo que lhes está associado, nomeadamente quanto à intervenção de elementos exteriores à comunidade académica;

f) Ajustamentos (incluindo a articulação com o ensino de pós-graduação) às solicitações do mercado de trabalho numa perspectiva nacional e internacional.

4. CONTEÚDOS PROGRAMÁTICOS

a) Correspondência dos conteúdos programáticos à lógica da organização curricular e respectiva articulação vertical e horizontal;

b) Correspondência dos conteúdos programáticos ao perfil requerido do licenciado (formação básica e de especialidade, formação profissional);

c) Actualidade e nível académico dos conteúdos; adequação aos conhecimentos dos alunos;

d) Coerência e grau de integração entre as várias disciplinas: equilíbrio entre formação e informação, compatibilidades conceptuais e terminológicas, sobreposições de partes de programas de disciplinas diversas e preocupações de interdisciplinaridade;

e) Adequação dos conteúdos ministrados ao desenvolvimento de capacidades para resolver problemas e para a busca independente de novos conhecimentos; auto conhecimento das competências adquiridas.

5. ALUNOS (PROCURA, SUCESSO ESCOLAR)

a) Indicadores relativos aos ingressos no curso: relação candidatos/ número de vagas, índice da procura do curso (e sua evolução no triénio) como primeira opção, taxas de abandono, transferências de curso ou de Universidade;

b) Condições de acesso e nível das notas de ingresso;

c) Distribuição geográfica e motivações de escolha;

d) Estratégia para captação de alunos: acções institucionais estruturadas; processos de divulgação utilizados, nomeadamente ao nível do ensino secundário;

e) Sucesso escolar, num histórico de 5 anos (ano a ano); percentagem de diplomados em relação aos inscritos num primeiro ano, casos de insucesso superiores a 50 % (etiologia, persistência e medidas tomadas), relação entre o número médio de anos para terminar e o de anos do curso; percentagem de alunos que terminam em n+1, em n+2 e em mais de n+2 anos;

f) Regimes especiais de frequência e formação: regulamentação, condições logísticas, pedagógicas e sociais.

6. PROCESSO PEDAGÓGICO

a) Estrutura de coordenação do curso e sua capacidade real e executiva de intervenção; participação dos alunos;

b) Métodos de aprendizagem e de ensino que estimulem o pensamento independente, a auto-formação e o sentido crítico dos alunos (ligação aos objectivos); ambiente de aprendizagem (aprender a aprender), ambiente de investigação (aprender a investigar);

c) Sistemas de avaliação e mecanismos de controlo da assiduidade;

d) Adequação das cargas horárias, presenciais e de trabalho autónomo, dimensão de turmas e organização de horários de docentes e discentes;

e) Sistema de acompanhamento e aconselhamento dos alunos;

f) Mecanismos de diagnóstico de conhecimentos prévios e definição de estratégias de remediação;

7. CORPO DOCENTE

a) Qualificação, vínculo e origem dos docentes (proporções das diferentes categorias, regimes de trabalho e origens);

b) Rácios professores/alunos;

c) Proporção de docentes com grau de doutor nas várias áreas curriculares do curso;

d) Relação investigação/ensino. Participação em Centros de Investigação. Relevância dos trabalhos científicos produzidos (livros e revistas de circulação internacional; classificação da FCT e outras...). Número de mestres e doutores formados pela instituição na área científica do curso nos últimos 5 anos;

e) Estratégia e dinâmica de formação do pessoal docente;

f) Preparação e motivação dos docentes para a actividade pedagógica.

8. PESSOAL NÃO DOCENTE

a) Estruturas administrativas de apoio ao curso; grau de satisfação;

b) Disponibilidades de pessoal técnico para o exercício de funções específicas (técnicos de laboratório, utilização de equipamentos informáticos, biblioteconomia, ...);

172 *Avaliação – Contributos para a Reformulação*

c) Diversidade e adequação das competências às características do curso;

d) Regime de prestação de serviço e sua adequação às necessidades do curso;

e) Rácios pessoal administrativo e técnico/pessoal docente;

f) Estratégia e dinâmica da formação do pessoal não docente.

9. INSTALAÇÕES E EQUIPAMENTOS

a) Disponibilidade de espaços comuns e espaços específicos necessários, e funcionais (salas de aula e de informática, laboratórios, oficinas, anfiteatros, salas de estudo e de reuniões, gabinetes, salas para trabalho em grupo,...);

b) Disponibilidade dos equipamentos e dos materiais necessários (em salas de aula, laboratórios, bibliotecas, espaços de informática e comunicação...) e sua qualidade;

c) Índices de capacidade dos espaços relativamente ao número dos alunos que os utilizam;

d) Grau de acesso dos alunos aos equipamentos informáticos e outros; nível de interiorização da prática do recurso às tecnologias de informação e comunicação, como atitude pedagógica de acesso ao conhecimento;

e) Grau de utilização dos equipamentos.

10. RECURSOS FINANCEIROS (*)

a) Recursos financeiros afectados ao curso (custos directos e indirectos), com discriminação entre "despesas de pessoal", "despesas de funcionamento" e "despesas de investimento";

b) Especificação das diversas fontes de financiamento;

c) Cálculo do indicador "custo aluno/ano";

d) Custo do "diplomado";

e) Fundamentação crítica da razoabilidade dos valores de custo encontrados.

11. RELAÇÕES EXTERNAS e INTERNACIONALIZAÇÃO

a) Dimensão da interacção com a comunidade envolvente: grau de intercâmbio de docentes e de investigadores, de participação em

---

(*) Período dos últimos 5 anos anteriores ao ano-objecto da avaliação.

projecto de investigação e em programas de ensino comuns, e na prestação de serviços, a nível nacional e a nível internacional;
b) Apreciação das mais-valias que resultem para a instituição;
c) Grau de mobilidade dos estudantes, a nível nacional e internacional;
d) Estruturas institucionais definidas e operativas para a internacionalização.

12. AMBIENTE ACADÉMICO (APOIO SOCIAL)

a) Residências universitárias, sua adequação às solicitações; outras alternativas de alojamento. Cantinas universitárias - satisfação da procura;
b) Bolsas de Estudo;
c) Estruturas e instalações para actividades culturais e desportivas;
d) Apoio médico e psicológico;
e) Participação estudantil nas decisões que lhe dizem respeito.

13. GESTÃO DA QUALIDADE

a) Estrutura e mecanismos de promoção e controlo de qualidade institucionalizados; apreciação da sua eficácia;
b) Prática sistemática de actividades de auto-avaliação; grau de intervenção dos órgãos institucionais nesses processos;
c) Avaliação pelos alunos do ensino praticado e suas consequências.

14. EMPREGABILIDADE

a) Existência de estruturas de empreendedorismo, de acompanhamento e de apoio da inserção profissional dos diplomados;
b) Taxas de emprego de diplomados no ano da conclusão e nos anos seguintes(*);
c) Índices de empregabilidade por sectores de actividade social;
d) Adequação e sucesso dos diplomados no exercício profissional;
e) Estatutos profissional e remuneratório, valores médios, se disponíveis.

(*) Período dos últimos 5 anos anteriores ao ano-objecto da avaliação.

ENSINO SUPERIOR POLITÉCNICO

ADISPOR/APESP – Relatório Preliminar

REFLEXÃO SOBRE A AVALIAÇÃO

1. No quadro da Lei nº 38/94, de 21 de Novembro, o ensino politécnico iniciou no ano 2000 o seu Primeiro Ciclo de avaliação de cursos, em coincidência temporal com o começo do Segundo Ciclo do ensino universitário público e concordatário.

A coordenação global das actividades inerentes a todo o processo de avaliação de cursos coube, nos termos da lei, ao Conselho Nacional de Avaliação, entretanto criado pelo Decreto-Lei nº 205/98, de 11 de Julho, ao qual incumbia assegurar a harmonia, coesão e credibilidade desse processo, tendo em vista "a observância dos padrões de excelência a que deve corresponder o funcionamento global do sistema".

Note-se que a estrutura de coordenação do processo, para além do Conselho Nacional de Avaliação (CNAVES), incluía, em segundo nível, os Conselhos de Avaliação criados no seio das entidades representativas das instituições de ensino superior e que, no caso do ensino politécnico, são a ADISPOR e a APESP, correspondentes, respectivamente, ao ensino público e ao ensino privado.

2. Este modelo de coordenação de que participam as entidades representativas, sob a supervisão do CNAVES, corresponde ao espírito contratual do sistema nacional de avaliação do ensino superior, traduzido na entrega da responsabilidade do seu desenvolvimento a uma partilha entre o Governo e as instituições de ensino superior, no respeito das disposições da citada Lei nº 38/94 que modelam esse espírito contratual entre as quais:

a) "O Ministério da Educação, no âmbito do sistema de avaliação e acompanhamento do ensino superior colabora com as estruturas de avaliação, prestando informação e fornecendo os elementos necessários ao sistema de avaliação e acompanhamento";

b) "Compete (...) ao Ministro da Educação a homologação das Comissões de peritos para a avaliação externa, sob proposta das entidades representativas";

178 *Avaliação – Contributos para a Reformulação*

c) "As entidades representativas responsáveis pela coordenação da avaliação externa são reconhecidas para o efeito pelo Ministro da Educação";

d) "O Governo estabelece, por decreto-lei ou protocolos, as regras necessárias à concretização do sistema de avaliação das institui-ções de ensino superior, ouvidas as suas entidades representati-vas".

Todas estas disposições apontam para a citada partilha de respon-sabilidades entre o Governo e as instituições de ensino superior no de-senvolvimento dos processos de

avaliação, sem prejuízo de incumbir ao Governo estabelecer "os princípios gerais que asseguram a harmonia, coesão e credibilidade" desses processos.

Foi neste sentido, aliás, que o Governo, no desenvolvimento normativo da Lei nº 38/94, aprovou o já citado Decreto-Lei nº 205/98, de 11 de Julho, criando o Conselho Nacional de Avaliação, ao qual conferiu, exactamente, a finalidade de "assegurar a harmonia, coesão e credibilidade do processo de avaliação e acompanhamento do ensino superior", dentro de um referencial que tenha em vista "a observância dos padrões de excelência a que deve corresponder o funcionamento global do sistema".

Só por si, este objecto essencial do CNAVES confere-lhe a condi-ção de "entidade independente", susceptível de viabilizar com equilíbrio a partilha de responsabilidades entre o Governo e as instituições no desenvolvimento dos processos de avaliação, sempre num quadro de elevada exigência técnica.

3. Entendido assim, como suporte do espírito contratual da avalia-ção inerente à Lei nº 38/94, o CNAVES acaba por ser o garante de alguns dos princípios propostos pelo Conselho de Reitores das Univer-sidades Portuguesas, no processo participado e de diálogo aberto com o Governo "tendente à preparação e aprovação daquela Lei".

i) "O quadro jurídico a adoptar deve revestir a forma de "lei-quadro", com o correspondente desenvolvimento normativo efectuado por via contratual, de modo a facilitar o seu progres-sivo aperfeiçoamento";

ii) " O sistema de avaliação deve contribuir para o aperfeiçoamen-to da autonomia das instituições, em simultâneo com um mais elevado grau de responsabilização perante a comunidade";

iii) "(…) A avaliação deve abranger o acompanhamento de todas as actividades institucionais, com incidência sobre as funções de ensino,investigação, cultura e acção institucional no meio exterior";

iv) "O sistema de avaliação deve estabelecer uma unidade de princípios e de acção, tanto para as instituições públicas como para as instituições privadas(…)";

v) "As relações entre o Governo e os estabelecimentos de ensino superior devem orientar-se, por um lado, no sentido do respeito pela autonomia institucional e, por outro, pela legitimidade do Governo para velar pela estrutura e qualidade do sistema de avaliação";

vi) "O sistema deverá acompanhar as experiências em curso nos países comunitários, de modo a contribuir, decisivamente, para as orientações estabelecidas no Tratado da União Europeia, designadamente as relativas ao reconhecimento académico de diplomas e de períodos de estudo e ao fomento de projectos de Investigação e Desenvolvimento comunitários".

4. Foi com plena consciência do quadro conceptual do sistema nacional de avaliação que o ensino politécnico, público e privado, iniciou o ciclo de avaliação de cursos, no ano 2000, apoiado no estímulo e confiança que, desde o início, lhe foi concedido pelo CNAVES.

Deve dizer-se, no entanto, que nenhuma das instituições dispunha, à partida, de experiência bastante para iniciar, com total segurança, o processo de avaliação de cursos, uma vez que, até então, o único processo de avaliação desenvolvido por essas instituições (e nem todas…) tinha sido uma "avaliação por área de conhecimento/área de formação", determinada por despacho ministerial.

E acontece até que essa experiência tinha sido marcada por uma condição de infelicidade evidente, uma vez que, após a fase de auto--avaliação, se não seguiu, de imediato, a de avaliação externa, só possível dois ou três anos depois.

Esta situação, como é evidente, deixou algum desencanto nas instituições, pouco propício à criação de um sólido entusiasmo para processos de avaliação subsequentes.

5. Mas o ciclo de avaliação de cursos no ensino politécnico foi ainda condicionado, na sua organização, por alguns aspectos essenciais, entre os quais:

180 *Avaliação – Contributos para a Reformulação*

a) A proximidade temporal com a alteração legislativa que determinou a criação das licenciaturas bietápicas (Lei nº 115/97, de 19 de Setembro) e o Regulamento final dos Cursos Bietápicos de Licenciatura das Escolas do Ensino Superior Politécnico (Portaria nº 413- A-/98, de 17 de Julho).

b) A integração no decurso do ciclo de avaliação na tutela do Ministério da Ciência e do Ensino Superior de Escolas Superiores originárias de outros Ministérios – como é o caso das Escolas Superiores de Enfermagem e de Tecnologia da Saúde, em que a "cultura" de avaliação seria necessariamente distinta;

c) A ausência de qualquer experiência de avaliação em grande número de Escolas Politécnicas.

6. Em particular, o primeiro aspecto referido teve uma consequência imediata indesejável, traduzida no facto de não poderem ser avaliados em simultâneo todos os cursos de uma mesma área de conhecimento, uma vez que, em resultado das alterações operadas nos cursos existentes, muitos deles acabavam por não cumprir um dos requisitos essenciais para se submeterem ao processo de avaliação, relacionado com o pressuposto de que dispunham de duas edições conclusas do curso ou, em versão facilitada, de uma pelo menos.

7. Esta circunstância, como é natural, afastou dos objectivos da avaliação qualquer hipótese de comparabilidade consistente, evidenciando alguns outros que se tornaram cruciais:

a) A indução de preocupação de qualidade na organização dos cursos;

b) A assunção dessa cultura de qualidade como suporte básico do exercício das autonomias institucionais;

c) A consciencialização de que a avaliação seria uma forma privilegiada de dar conta à sociedade da actividade desenvolvida;

d) A criação de uma atitude sistemática de reflexão interna sobre os procedimentos institucionais, num quadro de grande exigência e transparência.

Significa isto que o que estava em causa era a criação de uma cultura de qualidade susceptível de se traduzir na adopção de novos processos organizativos internos e, sobretudo, numa atitude generalizada de exigência individual, indutora de um ambiente de contínua melhoria das actividades institucionais.

8. Em temos processuais, o processo de avaliação de cursos iria respeitar a sequência "auto-avaliação, avaliação externa", dentro do pressuposto tecnicamente

inquestionável de que a apreciação qualitativa do projecto educativo de qualquer curso, tanto na sua concepção como na sua realização, deve ser, numa primeira fase, de responsabilidade da própria instituição, uma vez que só ela conhece a sua verdadeira face e completa dimensão.

Mas, como é evidente, para que a divulgação das actividades realizadas junto da opinião pública tenha sentido completo, a apreciação original de responsabilidade da instituição deve ser completada com uma outra que revista total independência nos juízos formulados, o que suscita a necessidade de uma avaliação externa, a realizar por peritos intelectualmente isentos e de grande competência.

No entanto, para que o processo global seja coerente, a actividade desses peritos deve partir de uma apreciação completa e cuidada do relatório de auto-avaliação, pois só assim podem tomar consciência do projecto educativo que está em causa e, também, das condicionantes múltiplas que determinaram a sua conceptualização e realização.

Nesta ideia radica, aliás, o princípio fundamental de "contextualização da avaliação", sem o qual ela pode assumir uma qualquer dimensão virtual que lhe retira a consistência da realidade dos factos.

9. O desenvolvimento do processo de avaliação ao longo dos cinco anos do ciclo de avaliação foi, em conformidade com a Lei, coordenado pelos Conselhos de Avaliação da ADISPOR e da APESP, no respeito das orientações originárias do CNAVES.

Para isto, competiu a esses dois Conselhos:

a) A elaboração da proposta de "Guião de Auto-Avaliação", aprovado pelo CNAVES e homologado pelo Ministro da tutela;
b) A elaboração do "Manual de Procedimentos" das Comissões Externas de Avaliação;
c) A proposta dos elementos constitutivos de cada uma das Comissões Externas, para efeitos de aprovação pelo CNAVES e consequente homologação ministerial.

Deve dizer-se que na elaboração do "Guião de Auto-Avaliação" se pretendeu assumir uma preocupação pedagógica, distinguindo na sua estrutura uma "fase de recolha de dados " e, posteriormente, uma outra, de "apreciação crítica", em que se identificava um universo de possíveis questões que importaria ponderar.

182 *Avaliação – Contributos para a Reformulação*

Significa isto que, para além de uma recolha de dados estatísticos ou de natureza descritiva, as instituições eram convidadas a reflectir sobre a sua actuação concreta, questionando-se sobre a pertinência do que tinham realizado e, a partir daí, definir novas metodologias e novos procedimentos.

10. Ao iniciar-se o ciclo de avaliação de cursos no ensino politécnico, por parte dos Conselhos de Avaliação havia a consciência imediata de algumas fragilidades que, de forma mais ou menos nítida, iriam condicionar a evolução futura do processo.

Entre essas fragilidades, duas delas tinham que ver com o modelo organizativo do sistema de coordenação de nível intermédio:

a) O funcionamento e articulação dos quatro Conselhos de Avaliação (dois do ensino universitário e dois do ensino politécnico), configurando um modelo que, embora salvaguardando a necessária equidade de representação dos subsistemas em presença, se revelou demasiado complexo, o que, inevitavelmente, levantaria dificuldades à avaliação de "cursos homólogos ou homónimos" nas modalidades de ensino universitário e politécnico e, também, ao processo de constituição das Comissões de Avaliação Externa;

b) A inserção dos referidos Conselhos de Avaliação nas "entidades representativas," como a Lei previa, sem que, no entanto, se garantisse previamente que elas (ou algumas delas…) dispunham de estruturas adequadas para efeitos de apoio logístico e administrativo.

Outras decorriam, naturalmente, da conjuntura temporal em que o processo se iria desenvolver, entre as quais eram mais notórias:

a) A inexistência no CNAVES de uma estrutura técnica com capacidade para orientar e apoiar os Conselhos de Avaliação no seu trabalho de coordenação das actividades no terreno, o que aliás ainda sucede, não obstante os repetidos esforços do Presidente do CNAVES para superar essa deficiência;

b) A já referida inexperiência da quase totalidade das instituições em processos de avaliação a que acrescia, naturalmente, a inexperiência dos próprios Conselhos de Avaliação;

c) As dificuldades humanas e financeiras para a realização de actividades mais consistentes de formação dos "avaliadores";

d) A premência de avaliação de um número exagerado de cursos em cada um dos anos do ciclo, uma vez que se considerou necessário avaliar a totalidade dos cursos em funcionamento, em alternativa à opção de uma definição de prioridade de áreas de conhecimento/áreas de formação estratégicas.

11. Esta última referência, como facilmente se compreende, levantava um problema delicado decorrente da capacidade de encontrar recursos humanos suficientes para actuarem como peritos das Comissões de Avaliação Externa, quase sempre escolhidos entre professores do ensino universitário, personalidades de mérito reconhecido nas diferentes áreas em causa e professores do ensino politécnico aposentados ou sem qualquer relação funcional às Escolas que ministravam os cursos em avaliação.

É sabido que o País não dispõe de recursos humanos em número suficientemente expressivo para que a escolha se tornasse fácil, sendo certo que nas duas primeiras componentes do universo citado se corria o risco de convidar elementos que não tinham um conhecimento bastante do que é o ensino politécnico, na sua moldura conceptual e formativa.

Por outro lado, o recurso a avaliadores estrangeiros, face ao exagerado número de cursos em causa, tornava-se difícil, tendo-se optado por uma solução traduzida no convite a uma personalidade que actuasse junto do Presidente de cada Comissão Externa, acompanhando o processo nos termos acordados entre ambos e emitindo os juízos que considerasse pertinentes.

12. Mesmo neste quadro de fragilidades iniciais, os Conselhos de Avaliação do ensino politécnico tinham boa consciência do desafio que lhes era colocado, sem sequer questionar a legitimidade desse desafio.

Traduzido em palavras simples, o desafio decorria da necessidade genericamente assumida de que o processo de avaliação de cursos no ensino politécnico teria de acompanhar o do ensino universitário, assumindo os mesmos níveis de exigência qualitativa, independentemente de se saber que o ensino universitário público dispunha já de cinco anos de experiência em avaliação de cursos.

O que acaba de ser dito é confirmado pelo facto de, ao terminar o ciclo, o próprio CNAVES, ao reconhecer a conveniência de enveredar por um novo "paradigma de avaliação", ter procedido à sua conceptualização sem distinguir diferenças de aplicação ao ensino universitário e ao ensino politécnico, para além das que decorrem das respectivas matrizes definidoras.

184   *Avaliação – Contributos para a Reformulação*

13. Uma retrospectiva crítica da forma como se desenvolveu todo o ciclo de avaliação de cursos evidencia fases progressivas de evolução funcional, tanto no que respeita à atitude das instituições que ministravam os cursos em avaliação como à das Comissões de Avaliação Externa.

Em relação às instituições que ministravam os cursos, tornou-se evidente:

a) Uma primeira fase, em que o desejo era dar conta de tudo o que se fazia conduzindo a longos relatórios de auto-avaliação (a que se associavam inúmeros anexos) em que o essencial se confundia com o acessório.

Nesta fase, era privilegiada a recolha de dados, nem sempre criteriosamente escolhidos, remetendo para plano secundário a reflexão crítica que esses dados poderiam suscitar.

Acrescente-se que, em muitos casos, os relatórios de auto-avaliação eram elaborados por equipas constituídas ad-hoc, não raras vezes agindo sem qualquer orientação ou responsabilização dos órgãos institucionais competentes.

b) Uma segunda fase, em que se assumiu uma lógica correcta de elaboração dos relatórios de auto-avaliação, restringindo a recolha de dados ao que era estritamente necessário e, sobretudo, dando ênfase à reflexão interna sobre a actividade desenvolvida. Deve dizer-se, aliás, que o progresso conseguido na elaboração dos relatórios de auto-avaliação foi significativo, bem podendo dizer-se que, em alguns casos, quase se atingiu a perfeição, não só no conteúdo que apresentavam como também na forma de apresentação.

Em relação às Comissões de Avaliação Externa, também se tornaram evidentes duas fases de actuação:

a) Uma primeira, em que muitas delas não assumiram que a base dos seus juízos seriam as conclusões dos relatórios de auto-avaliação (mesmo com as deficiências que estes apresentassem...), privilegiando aspectos de pormenor que emergiam nas visitas institucionais, muitas vezes sem importância significativa e quase sempre de natureza impressiva;

b) Uma segunda, em que o processo se inverteu, fazendo emergir a importância das conclusões dos relatórios de auto-avaliação e remetendo para as visitas institucionais o propósito de confirmar ou infirmar aquelas conclusões.

Deve dizer-se, no entanto, que sendo esta uma atitude tendencial, não se pode considerar extensiva a todas as Comissões de Avaliação Externa, até porque em algumas delas apareciam novos elementos.

Como conclusão inevitável, terá de afirmar-se que foi bem mais expressiva a evolução positiva dos relatórios de auto-avaliação que a dos relatórios das Comissões de Avaliação Externa.

14. Como quer que seja, à evolução positiva da atitude das instituições que ministravam os cursos, bem como das Comissões de Avaliação Externa, não foi indiferente o posicionamento dos Conselhos de Avaliação que, tendo facilmente percepcionado as deficiências originais, promoveram acções convergentes para a melhoria dos processos.

a) Em primeiro lugar, realizando acções de formação destinadas aos representantes das instituições que ministravam os cursos e apelando à responsabilidade dos órgãos competentes;

b) Depois, logo no segundo ano do ciclo, discriminando 16 campos de apreciação que todos os processos de avaliação teriam de considerar, com a indicação de lhes ser atribuída uma graduação (de Excelente a Insatisfatório) por parte das Comissões de Avaliação Externa.

Vale a pena , aliás, recordar esses 16 campos de apreciação, para verificar que eles incidiam, na prática, sobre todos os aspectos inerentes à conceptualização e realização de cada curso e, bem assim, aos resultados decorrentes dessa realização.

1 – Qualidade do Relatório de Auto-Avaliação.

2 – Adequação das instalações e equipamentos.

3 – Recursos em matéria de novas tecnologias de informação e comunicação.

4 – Composição do Corpo Docente.

5 – Composição do Corpo Técnico e Administrativo.

6 – Dinâmica de formação interna (designadamente do corpo docente).

7 – Consciencialização da missão e função institucionais, incluindo os objectivos educacionais do curso.

8 – Metodologia da conceptualização e organização da estrutura curricular do curso.

9 – Prática de investigação associada ao curso.

10 – Realização do curso, ponderando, entre outros aspectos, os mecanismos da sua coordenação, os métodos de ensino e aprendizagem, o regime de frequência e avaliação, etc.

11 – Qualidade dos indicadores relativos aos ingressos no curso, designadamente a "respectiva procura", a "percentagem de ingressos em relação às vagas disponíveis", os "ingressos em 1ª opção" e as "classificações de ingresso".

12 – Sucesso educativo obtido e mecanismos adoptados para a sua melhoria.

13 – Inserção profissional de diplomados, incluindo o apoio institucional prestado e o posterior acompanhamento.

14 – Relações externas e internacionalização.

15 – Recursos financeiros envolvidos, incluindo o conhecimento dos indicadores essenciais, a disponibilidade de recursos e a diversidade de fontes de financiamento.

16 – Cultura ambiental de qualidade, incluindo a existência de estruturas formais ou informais de incentivo e melhoria.

Como se esperava, esta ponderação dos diferentes campos de apreciação disciplinou, fundamentalmente, a actuação das Comissões de Avaliação Externa, ao mesmo tempo que representou uma posição de grande respeito pelas instituições que, na organização dos seus cursos, ponderam todos os aspectos que intervêm na moldura desejável dessa organização.

Assim sendo, bem pode dizer-se que se tratou de um elemento fundamental no processo evolutivo de sentido positivo que a avaliação de cursos apresentou no ensino politécnico, com visibilidade manifesta em algumas instituições, onde as actividades de avaliação se passaram a desenvolver num ambiente natural de sistematicidade, muitas vezes com suporte em estruturas orgânicas constituídas para o efeito.

Na actividade das Comissões de Avaliação Externa não foi tão nítido, como já se disse, o sentido evolutivo dos trabalhos realizados, muito embora deva também dizer-se que, na maior parte delas, o juízo a formular deva ser extremamente favorável. E isso se deve, em grande parte, à felicidade havida na escolha dos respectivos Presidentes, cuja actuação se deve realçar.

15. Dito isto, importa salientar que, partindo com fragilidades evidentes e, mesmo assim, garantindo uma dimensão evolutiva acentuada de sentido positivo, há que concluir que o sistema nacional de avaliação, no que respeita ao 1º ciclo de avaliação de cursos do ensino politécnico, funcionou!

Não significa esta conclusão que tudo tenha sido perfeito ou deixe a sensação de plena satisfação; pelo contrário, é nas deficiências encontradas que vai encontrar-se o estímulo necessário para as superar, uma vez que o ambiente geral deixa a certeza de que isso se pode fazer.

Para tanto, torna-se desejável deixar o registo dos aspectos mais positivos que foram

identificados e, bem assim, daqueles outros que ainda representam verdadeiras fragilidades do sistema.

15.1. Entre os aspectos mais positivos, merecem especial referência:

a) A assunção da dimensão contratual do sistema, conduzindo ao reconhecimento, por parte das instituições, de que as Comissões de Avaliação Externa não são emanações de carácter inspectivo, mas sim parceiros de um processo de avaliação com elas partilhado;

b) O papel orientador do CNAVES que, muito embora não disponha de uma estrutura técnica de apoio aos Conselhos de Avaliação, tem proporcionado um quadro de reflexão permanente, em que transparece, por um lado, uma visão do processo de avaliação orientado para estimular o exercício crescente das autonomias institucionais e, por outro, uma preocupação de recusa de alguns "estereótipos" actuais, como o da "teologia do mercado" de emprego, substituindo-a pela determinação pelo conhecimento em visão prospectiva;

c) O entusiasmo da maior parte das instituições que assumiram esta primeira experiência como oportunidade para reflectirem sobre a sua própria actividade e interiorizarem a intenção de "promoção da qualidade" como elemento estratégico essencial da sua evolução futura;

d) O papel desempenhado, no ensino politécnico público, pelos coordenadores institucionais, afirmando-se como um suporte essencial da relação entre a estrutura de coordenação e as instituições, em nova expressão do carácter contratual da avaliação.

15.2. Entre os aspectos menos positivos, devem salientar-se:

a) A já referida complexidade do sistema de coordenação, envolvendo o CNAVES e os diferentes Conselhos de Avaliação;

b) A ausência de estruturas consistentes de apoio logístico, administrativo e financeiro, em algumas das entidades representativas;

c) A dificuldade da constituição de um mecanismo de acompanhamento do retorno das recomendações das Comissões de Avaliação Externa, traduzida na possibilidade de construção de uma espécie de "carta de progresso institucional";

d) A total ausência de extracção das consequências previstas na Lei dos resultados da avaliação, porventura decorrente da indefinição dos níveis de responsabilidade nesse processo;

e) A não actuação, nos termos previstos na Lei, em matéria de consequências nas situações em que um número diminuto de instituições, invocando as mais diversas razões, se subtrairam ao processo de avaliação;

f) A inexistência de condições, até ao momento, para que os Conselhos de Avaliação estabelecessem relações bilaterais com os seus homólogos de outros países comunitários, consolidando o processo de internacionalização nos termos em que tem sido preconizado;

g) A incompreensível inexistência de uma rede de "Bancos de Dados sociais, académicos e financeiros", aliás prevista nos Protocolos de cooperação entre o Governo e as entidades representativas.

O Presidente do Conselho de Avaliação da ADISPOR

O Presidente do Conselho de Avaliação do Ensino Politécnico da APESP

Dr. António de Almeida Costa

Prof. Doutor Alfredo Jorge Silva

ENSINO SUPERIOR MILITAR

Primeira Reflexão

ESCOLA NAVAL

Avaliação do Ensino

1. INTRODUÇÃO

A Escola Naval (EN), em 10 de Julho de 2000, foi admitida como membro de pleno direito da Fundação das Universidades Portuguesas (FUP), que já integrava a Academia Militar e viria um pouco mais tarde a integrar também a Academia da Força Aérea.

Por esse facto, e de acordo com a legislação em vigor, a FUP passou a ser a entidade representativa da Escola Naval para efeitos de avaliação do ensino nela ministrado, tornando-se necessário criar internamente uma estrutura que enquadrasse este processo.

Assim, por Despacho do Comandante da EN, de 3 de Janeiro de 2001, é criado o Gabinete de Coordenação da Avaliação (GCA) bem como o cargo de Coordenador Geral da Avaliação, ambos directamente dependentes do Comandante, tendo como principais atribuições propor medidas e desenvolver acções tendentes à prossecução da avaliação interna e externa do ensino ministrado na EN, nos termos da legislação e normativos aplicáveis, competindo-lhes ainda assegurar a ligação e representação da EN junto do Conselho de Avaliação da FUP.

2. CURSOS AVALIADOS

a. Ciências Militares Navais – Administração Naval

O primeiro curso da EN a ser avaliado foi o de Ciências Militares Navais, ramo Administração Naval, integrado na segunda fase da avaliação externa dos cursos da área da Gestão, Administração e Marketing.

Esta avaliação ocorreu em simultâneo com os outros cursos de administração militar, tendo como referência o primeiro semestre do ano lectivo 2001/2002.

194 *Avaliação – Contributos para a Reformulação*

Após vários contactos com o Conselho Nacional de Avaliação do Ensino Superior (CNAVES) e com os outros Estabelecimentos Militares de Ensino Superior (EMES) foi decidido não adoptar um guião próprio para a avaliação dos cursos militares seguindo o mais possível o utilizado pelas Universidades civis com ligeiras adaptações que contemplassem as especificidades dos cursos militares.

Foi uma primeira experiência, iniciada com alguns receios e limitações, mas com uma grande vontade de adesão ao processo já em curso na sociedade civil, reconhecido desde o início pela Escola Naval como um dos caminhos mais seguros na busca da excelência do ensino nela ministrado.

De referir que face à urgência e ao grande interesse desde sempre manifestado pela EN em incluir a avaliação deste curso na segunda fase da avaliação externa dos cursos da área de Gestão, Administração e Marketing, apenas foi avaliado o primeiro semestre do ano lectivo de referência, não tendo também havido oportunidade de recolher as opiniões dos antigos alunos e dos empregadores.

Em conformidade com a calendarização estabelecida para este curso, o relatório de auto avaliação, elaborado no âmbito do GCA em estreita colaboração com o Departamento de Formação de Administração Naval, após apreciação em Conselho Científico da EN, foi recebido no Conselho de Avaliação da FUP em Fevereiro de 2002.

A EN viria a receber a visita da Comissão de Avaliação Externa em 23 e 24 de Maio de 2002.

A referida Comissão foi presidida pelo Prof. Doutor Vítor Fernando da Conceição Gonçalves do ISEG e teve a seguinte constituição:

- Prof. Doutor António Maria Palma dos Reis (ISEG);
- Prof. Doutor António Manuel Soares Serrano (Univ. Évora);
- Prof.ª Doutora Hortênsia Maria da Silva Gouveia Barandas (Univ. Porto);
- Dra. Simone Santos (Secretária);
- CALM Nunes da Cruz (Assessor Militar).

b. Ciências Militares Navais – Marinha e Fuzileiros

Em 2003, foram avaliados os cursos de Ciências Militares Navais, ramos de Marinha e de Fuzileiros, tendo como referência o ano lectivo 2001/2002, inseridos no terceiro ano do segundo ciclo de avaliações das universidades portuguesas em conformidade com o planeamento específico estabelecido para os cursos de Ciências Militares.

Estes cursos foram avaliados em simultâneo com os cursos de Armas da Academia Militar (Artilharia, Cavalaria, Infantaria e GNR) e o curso de Piloto Aviador da Academia da Força Aérea.

Os relatórios de auto-avaliação elaborados pelas comissões nomeadas para o efeito, referiram-se à totalidade do ano lectivo e passaram também a incluir as opiniões dos antigos alunos e dos empregadores, o que não tinha sido possível aquando da avaliação do curso de Administração Naval.

Estes relatórios foram recebidos no Conselho de Avaliação da FUP em 9 de Janeiro de 2003.

Seguiu-se a sua apreciação pela CAE, entretanto nomeada e aprovada pelo CNAVES e homologada por S. Exa. o Ministro da Ciência e do Ensino Superior, e que teve a seguinte constituição:

Presidente

- *Prof. Doutor Manuel Jacinto Nunes, Professor Catedrático Jubilado da Universidade Técnica de Lisboa*

Vogais

- *Coronel de Artilharia REF José Faia Pires Correia (AM);*
- *Capitão-de-Mar-e-Guerra REF Daniel Augusto Rodrigues (EN);*
- *Tenente-General RES Fernando Carvalho Seabra (FAP);*
- *Prof. Doutor Armando Teófilo Silva da Rocha Trindade (Professor Catedrático da Universidade Aberta);*
- *Capitão-de-Fragata REF Mário Carneiro Vieira (Professor na Academia de Annapolis (USA).*

Secretária

- *Dra. Cristina Marques, da FUP*

Nota: Na falta de peritos nacionais que pudessem integrar a CAE, foi adoptada a figura do «vogal estrangeiro», que para a EN foi o Capitão-de-Fragata Carneiro Vieira, Doutorado e Professor na Academia Naval dos USA

A CAE viria a visitar a Escola Naval em 7 e 8 de Abril, onde, para além de um contacto directo com as instalações à disposição dos alunos, reuniu em separado com o Comando, professores, alunos e pessoal não docente.

As primeiras versões dos relatórios de avaliação externa foram enviadas à EN para efeitos de contraditório em 20 de Junho e as suas

196 *Avaliação – Contributos para a Reformulação*

versões finais apresentadas ao Conselho de Avaliação da FUP em 1 de Agosto.

Na primeira quinzena de Outubro foi elaborado o Relatório Síntese Global comparativo entre os vários cursos de Ciências Militares avaliados, e os resultados foram publicamente divulgados.

Os resultados da avaliação dos cursos de Marinha e Fuzileiros foram muito semelhantes e globalmente positivos quando comparados com os restantes cursos militares.

c. Outros Cursos

No ano lectivo 2003/2004, tendo em vista aproveitar a experiência adquirida com a recente avaliação dos cursos de Marinha, Fuzileiros e Administração Naval, a EN decidiu avaliar internamente os cursos de Engenheiros Navais, Ramos de Mecânica e Armas e Electrónica, embora não houvesse qualquer garantia, relativa à possibilidade de vir a incluir estes cursos no planeamento de avaliações externas estabelecido para 2004.

Apesar das diligências desenvolvidas confirmou-se a impossibilidade de submeter estes cursos a uma avaliação externa no âmbito do quarto ano do segundo ciclo de avaliações das Universidades Portuguesas que decorreu em 2004.

Assim, os relatórios de auto-avaliação dos cursos de Engenheiros Navais Ramos de Mecânica e de Armas e Electrónica, não foram apresentados ao Conselho de Avaliação da FUP.

3. CONCLUSÕES

A Escola Naval considera que a sua adesão ao processo de avaliação do ensino superior só pecou por tardia, havendo uma enorme vontade, independentemente dos moldes que forem definidos de futuro, em manter-se no sistema.

As vantagens e melhorias conseguidas são inúmeras, sendo por outro lado difícil identificar qualquer inconveniente.

Em conclusão passam a referir-se em síntese as alterações já efectuadas e melhorias introduzidas e/ou aceleradas, directamente relacionadas com as avaliações efectuadas, sublinhando-se a espectacular evolução conseguida a nível de meios informáticos:

a. Corpo Docente

- Foi aprovado um quadro de professores civis neste momento em provimento (Portaria n.º 397/2002 de 18 de Abril; 6 professores catedráticos e 9 professores associados).
- Tem vindo a aumentar o número de docentes militares a frequentar mestrados.
- Estabelecido um novo protocolo de cooperação com a Universidade Lusófona de Humanidades e Tecnologia visando a cooperação de professores, para já na área da Química.

b. Infra-estruturas

- Encontra-se em fase de conclusão a construção do novo pavilhão gimnodesportivo que vai permitir adaptar o edifício do antigo ginásio para gabinetes dos docentes e alargamento da biblioteca.
- Foi criada e totalmente equipada uma sala multimédia.
- As salas de estudo do 1º ano foram completamente remodeladas.
- Duas salas de aula foram renovadas sendo uma delas adaptada a sala de apoio ao candidato durante o período de admissão.

c. Meios informáticos

- Total remodelação da rede existente permitindo que a totalidade dos docentes e alunos tenham acesso quer à Intranet, quer à Internet, não só em locais de estudo mas também nos alojamentos.
- Foi estabelecido um protocolo com o Banco Totta permitindo através da adesão ao portal Universia equipar a sala multimédia, bem como estabelecer condições muito favoráveis de crédito para alunos e professores, destinado à aquisição de material informático, em particular computadores portáteis, que tem vindo a ser amplamente utilizado.
- Iniciada a informatização da Biblioteca (em vias de conclusão).
- Removido em grande parte o «lixo informático» das bases de dados.
- Melhorados todos os métodos de recolha, actualização e análise da informação necessária à gestão do ensino, eliminando algumas aplicações informáticas incompatíveis.

d. Processo ensino aprendizagem

- Introduzidas novas disciplinas nos planos de estudos.
- Actualizados os objectivos dos cursos em conformidade com as novas realidades da Marinha.
- Revisão de todos os planos de estudos, eliminando matérias que estavam a ser ministradas em acumulação em várias disciplinas, introduzindo novas matérias, distribuindo de forma mais racional tempos de aula por disciplinas, conseguindo-se uma diminuição na carga horária diária.
- Incrementadas acções de acompanhamento dos alunos através de uma maior sensibilização dos professores. De referir sob este aspecto as aulas de Matemática que, com resultados muito positivos, estão a ser ministradas aos alunos do 1º ano, durante os 15 dias que antecedem o início do curso, revendo matérias do Ensino Secundário consideradas mais relevantes.

e. Investigação

- Criado o Gabinete de Coordenação das Actividades de Investigação e Desenvolvimento com o objectivo de facilitar e incentivar o trabalho de docentes e alunos, bem como coordenar esforços institucionais nesta área.
- Até agora a EN já foi parceira em 4 projectos de investigação financiados pelo Ministério da Ciência e Tecnologia e pelo Ministério da Defesa.

ACADEMIA MILITAR

Relatório final do Ciclo de Avaliação (2000/2004)

SUMÁRIO

1. Enquadramento legal
2. Situação
3. Análise
   a. Generalidades
   b. Relatórios finais das avaliações externas
      (1) Licenciatura em Engenharia Electrotécnica Militar, especialidades:
          Transmissões e Material
      (2) Licenciatura em Engenharia Mecânica Militar, especialidade Material
      (3) Licenciatura em Ciências Militares, especialidades:
          Administração Militar e GNR, ramo Administração
      (4) Licenciatura em Ciências Militares, especialidades:
          Exército-Armas – (Inf/Art/Cav) e GNR-Armas – (Inf /Cav)
      (5) Licenciatura em Engenharia Militar, especialidade Engenharia
   c. Parâmetros de avaliação dos cursos da AM
      (1) Objectivos do curso
      (2) Organização Científica e Pedagógica
      (3) Admissões
      (4) Alunos
      (5) Corpo docente
      (6) Pessoal não docente
      (7) Financiamento
      (8) Infra-estruturas
      (9) Investigação
      (10) Relações Externas
      (11) Qualidade
      (12) Cultura institucional
4. Conclusões

1. ENQUADRAMENTO LEGAL

a. A Lei nº38/94, de 21 de Novembro, estabeleceu as bases do sistema de avaliação e acompanhamento das instituições de ensino superior, tendo sido definida a sua incidência e os seus princípios, objectivando como finalidades principais as seguintes:

– Estimular a melhoria da qualidade das actividades desenvolvidas;
– Informar e esclarecer a comunidade educativa e a comunidade portuguesa em geral;
– Assegurar um conhecimento mais rigoroso e um diálogo mais transparente entre as instituições de ensino superior;
– Contribuir para o ordenamento da rede de instituições de ensino superior.

A avaliação tem ainda por finalidade contribuir para o reconhecimento de diplomas académicos e títulos profissionais a nível nacional e europeu. Assim, poderemos assumir que o objectivo global da avaliação é analisar e estimular a *qualidade* das actividades académicas no geral, e nesta fase, as do ensino e formação, em particular.

Este sistema abrange, nos termos do art. 2º da citada lei, todos os estabelecimentos de ensino superior, universitários e politécnicos, públicos e privados.

b. O Decreto-Lei n.º 205/98, de 1 de Julho, fixou as regras gerais necessárias à concretização do sistema de avaliação e acompanhamento do ensino superior, tendo estabelecido, no seu art. 24º, que nas instituições do ensino superior militar a avaliação se processava na observância dos princípios gerais constantes da Lei nº 38/94 e dele próprio, com as adaptações que, atentas as respectivas especificidades, fossem entretanto regulamentadas em diploma adequado.

c. Decorrentemente, o Decreto-Lei nº 88/2001, de 23 de Março, veio proceder à integração dos estabelecimentos militares de ensino superior no sistema de avaliação instituído pela lei da avaliação do ensino superior, sendo que a Academia Militar (AM), como estabelecimento militar de ensino universitário, integrou o referido sistema através da entidade legalmente representativa do ensino universitário público, que o protocolo de 19 de Junho de 1995, entre o Ministério da Educação, o Conselho de Reitores das Universidades Portuguesa (CRUP) e a Fundação das Universidades Portuguesas (FUP) reconhecera ser esta última.

Nestes termos a FUP passou a estabelecer as regras que se revelassem necessárias à adaptação dos processos de avaliação às especificidades do ensino superior militar, designadamente no que respeita à composição das Comissões de Avaliação Externa (CAE) e aos critérios de avaliação previstos no Decreto-Lei nº 205/98.

d. Entretanto, na sequência de toda a legislação referente ao sistema de avaliação do ensino superior universitário, foi aprovada a Lei 01/03 - Regime jurídico do desenvolvimento e qualidade do ensino superior - , tendo sido definido no seu art. 50º, que a adaptação do regime jurídico referente aos estabelecimentos de ensino superior militar deverá ser aprovada por Decreto-Lei do Governo.

2. SITUAÇÃO

a. De acordo com o calendário aprovado pelo Conselho Nacional de Avaliação do Ensino Superior (CNAVES), as licenciaturas da AM foram inseridas no segundo Ciclo de avaliações (2000/2004) da FUP. As datas das avaliações externas decorreram com a seguinte sequência cronológica:

➢ Ano lectivo 2000/2001
– Licenciatura em Engenharia Electrotécnica Militar, especialidades Transmissões e Material (18 e 19 de Abril de 2001)
– Licenciatura em Engenharia Mecânica Militar, especialidade Material (26 e 27 de Abril de 2001)
➢ Ano lectivo 2001/2002
– Licenciatura em Ciências Militares, especialidade Administração Militar (15 a 17 de Abril de 2002)
– Licenciatura em Ciências Militares, especialidade GNR, ramo Administração (15 a 17 de Abril 2002)
➢ Ano lectivo 2002/2003
– Licenciaturas em Ciências Militares, especialidades Infantaria, Artilharia e Cavalaria (11 a 13 de Março de 2003)
– Licenciaturas em Ciências Militares, especialidade GNR, ramo Armas (11 a 13 de Março de 2003)
– Licenciatura em Engenharia Militar, especialidade Engenharia (02 e 03 de Abril de 2003)

202 *Avaliação – Contributos para a Reformulação*

Refira-se que cada avaliação se reportou ao ano lectivo anterior (ano-objecto) àquele em que decorreu a avaliação externa.

b. A avaliação dos diversos cursos da AM decorreu de acordo com as normas e regras instituídas pela FUP. Cada curso avaliado foi inserido num cronograma com a duração de um ano lectivo, do qual se destacaram as seguintes fases:
– *Elaboração, recolha e tratamento dos elementos necessários ao processo interno de avaliação de cada licenciatura*
– *Relatório de Auto-Avaliação*
– *Pedidos de esclarecimento*
– *Avaliação externa – visita institucional*
– *Pedidos adicionais de esclarecimento*
– *Relatório preliminar*
– *Procedimento contraditório*
– *Relatório de Avaliação Externa*
– *Relatório de Síntese Global*

c. Estando concluídas as respectivas avaliações houve que analisar as "Conclusões", "Recomendações" e "Sugestões", de forma a considerar as adaptações entendidas como convenientes para a promoção da qualidade do ensino na AM.

3. ANÁLISE

a. Generalidades
(1) Os relatórios de avaliação externa de cada um dos cursos e respectivos relatórios de síntese global, deverão constituir um referencial de suporte, cuja análise pormenorizada deverá ser considerada na organização e funcionamento da AM.

O presente relatório final referente ao Segundo Ciclo de avaliações da FUP tem como primeira finalidade apresentar uma síntese das principais conclusões das avaliações dos cursos. A análise pretendeu também encontrar algumas linhas orientadoras que resultaram de várias origens, com especial relevo para:
– Relatórios das avaliações internas e externas;
– Análise de relatórios de outras instituições e dos quais se poderão retirar conclusões para os cursos da AM;

– A sensibilidade que foi sendo recolhida pelos múltiplos contactos que foram mantidos com os elementos que integraram as comissões de avaliação externa e, também, com todos os agentes directamente ligados ao ensino na AM.

Considerando que muitos dos pontos fracos e fortes, bem como das conclusões e recomendações efectuadas, são comuns à quase totalidade dos cursos ministrados na AM, não são considerados os cursos individualmente, a não ser quando a especificidade de algum dos assuntos assim o aconselhe.

Este relatório, naturalmente, não pretende apontar soluções, mas sim identificar algumas das fragilidades do nosso sistema de ensino e que, quando minimizadas ou até corrigidas, levarão a uma melhoria da qualidade do ensino na AM. Contudo, sempre que nas fontes surgiram linhas orientadoras cuja sustentação fosse compatível com a realidade da AM, as mesmas serão referidas.

Relativamente aos parâmetros de avaliação a considerar na avaliação dos cursos, as CAE têm a responsabilidade de os definir de acordo com as características dos cursos, sendo de referir que não são necessariamente iguais para cursos de diferentes áreas de conhecimento, razão pela qual os relatórios finais não se apresentam padronizados.

Poderemos assim assumir que os parâmetros de avaliação assentam de um modo geral em indicadores básicos de qualidade que, independentemente das comissões que os elaborem, deverão encontrar convergência em grandes áreas, como sejam:

– Estrutura científica e pedagógica
– Corpo docente
– Corpo não docente
– Alunos
– Investigação
– Relações externas; grau de participação em projectos nacionais e internacionais
– Infra-estruturas
– Empregabilidade
– Caracterização do sistema de qualidade
– Caracterização institucional
– Indicadores por instituição e por curso, em que a relação entre o número de docentes e respectiva qualificação académica, o número de alunos e o número de pessoal não docente será sempre um factor em análise

204 *Avaliação – Contributos para a Reformulação*

– Indicadores de admissões e sucesso escolar
– Recursos financeiros

(2) O processo de avaliação externa é constituído, numa primeira fase, por 2 relatórios:

– **Relatório de Avaliação Externa (RAE)** – É elaborado para cada curso e dele deverá inferir-se o grau de confiança da Auto-Avaliação, devendo ser evidenciadas, com a maior objectividade possível, as propostas e recomendações para a melhoria da qualidade do curso em avaliação.
– **Relatório de Síntese Global (RSG)** – Relatório final dos cursos avaliados agrupados por áreas de conhecimento. Este relatório, de natureza comparativa, deve integrar, referenciar e sintetizar as apreciações dos cursos em avaliação por campos de avaliação, sendo que actualmente não existe consenso sobre a forma de apresentação dos resultados. A tendência dominante é construir os resultados por *rating* e não por *ranking,* como alguns defendem. Assim, são sugeridos pela FUP conceitos como "pontos fracos", "pontos fortes" e níveis de apreciação (A,B,C,D).

Numa segunda fase, durante o período que medeia entre duas avaliações externas, as instituições deverão ainda elaborar um **Relatório Intercalar de Progresso** que, naturalmente, deverá traduzir a evolução dos cursos após a última avaliação externa.

Como já se encontra contextualizado, os RAE, bem como os RSG dos diversos cursos avaliados, não obedecem a uma estrutura padronizada como eventualmente seria desejável. Assim, serão consideradas nesta análise por curso, as grandes conclusões de cada uma das comissões de avaliação dos cursos.

b. Relatórios finais das avaliações externas

(1) Licenciatura em Engenharia Electrotécnica Militar, especialidades:
– *Transmissões*
– *Material*

(a) O RSG inclui uma análise muito geral da forma como decorreu todo o processo de avaliação, fazendo posteriormente uma síntese global da situação actual e da evolução verificada após o primeiro Ciclo de avaliação dos cursos de engenharia electrotécnica, no qual a AM não esteve inserida, fazendo no final uma síntese sustentada em apreciações por campos de avaliação, que foram apresentados na forma de *rating*.

A CAE considerou a avaliação como única para os dois cursos da AM. O curso de Engenharia Electrotécnica Militar foi, então, avaliado dentro da área de conhecimento da Engenharia Electrotécnica.

(b) O RAE analisa vários parâmetros de forma descritiva. Foram considerados factores como o enquadramento dos objectivos e organização do curso, ensino, alunos, meios humanos, estruturas de apoio ao ensino, controlo interno da qualidade científica e pedagógica, relações com entidades exteriores à AM, terminando com conclusões e recomendações.

(2) Licenciatura em Engenharia Mecânica Militar, especialidade Material

(a) O RSG resume-se a uma conceptualização do curso de engenharia mecânica sustentada na análise de indicadores como a organização institucional, análise dos cursos, corpos docentes, pessoal não docente, ingressos de novos alunos, ensino e aproveitamento escolar, relações externas e internacionalização e ainda outros assuntos (recursos financeiros, expressão escrita e oral, ética profissional, e disciplinas humanísticas).

As conclusões não atribuem qualquer classificação de mérito, seja no conceito de *rating* ou *ranking*, limitando-se a produzir um resumo da avaliação.

(b) O RAE analisa vários parâmetros de forma descritiva. Foram considerados os objectivos do curso e a sua estrutura, o ensino, avaliação e aproveitamento escolar, os alunos, os licenciados, as estruturas (financeiras e físicas), os meios humanos, a investigação e a ligação ao exterior. As considerações finais analisam as especificidades da AM, a sua ligação ao Instituto Superior Técnico (IST), referindo ainda os pontos fortes e fracos da licenciatura, fazendo uma síntese final do curso de engenharia mecânica ministrado na AM.

(3) Licenciatura em Ciências Militares, especialidades:

– Administração Militar
– Guarda Nacional Republicana (GNR), ramo Administração

206   *Avaliação – Contributos para a Reformulação*

(a) Estas licenciaturas foram incluídas na área de conhecimento referente à área da gestão, administração e marketing. O RSG limita-se a descrever e comentar o modo como decorreu todo o processo de avaliação, remetendo para um quadro final os níveis de apreciação dos campos de avaliação considerados para as licenciaturas desta área, que foram apresentados na forma de *rating*.

(b) Foram elaborados dois RAE sendo, contudo, que as diferenças se situam fundamentalmente ao nível dos indicadores numéricos dos dois cursos. Foram considerados de forma descritiva factores como o curso e a sua articulação institucional, o programa de ensino, os estudantes, os recursos humanos, o financiamento e infra-estruturas de apoio, as relações externas e a gestão interna da qualidade, terminando com as conclusões onde são enumerados os pontos fortes e fracos das licenciaturas em avaliação.

(4) Licenciatura em Ciências Militares, especialidades:
– Exército Armas – (Infantaria, Artilharia e Cavalaria)
– GNR Armas – (Infantaria e Cavalaria)

(a) O RSG caracteriza-se por assumir a especificidade dos cursos englobados na designação "Licenciatura em Ciências Militares".

Assim, considera-se que os cinco cursos avaliados nesta área (2-EN; 2-AM e 1-AFA) se caracterizam por diversos factores decorrentes da sua natureza:

– São ministrados na instituição militar;
– O carácter militar dos cursos, com as especificidades daí decorrentes;
– A dupla tutela ministerial;
– O regime de internato;
– A constituição dual do seu corpo docente (civil e militar);
– A ausência de capacidade legal para atribuição de graus académicos superior a licenciatura;
– O binómio da personalidade dos seus alunos: estudantes e militares.

Foram elaborados cinco subrelatórios de síntese correspondentes a cada um dos cursos avaliados, sendo atribuído níveis de apreciação aos campos de avaliação, que no caso dos 2 cursos ministrados na AM foram iguais, tendo sido assumido, desde logo, que os 5 cursos são distintos entre si, pelo que não é legitimo inferir qualquer tipo de comparações.

(b) Os RAE analisam vários parâmetros de forma descritiva. Foram considerados factores como o curso e a sua articulação institucional, os programas de ensino, os alunos, os recursos humanos (pessoal docente e não docente), o financiamento e estruturas de apoio, as relações externas e a gestão da qualidade, terminando com as conclusões e recomendações constantes do anexo E. Considerando o especial significado que estes cursos tem para a AM, aquelas conclusões e recomendações são do maior valor estratégico para o futuro do ensino na AM.

(5) Licenciatura em Engenharia Militar, especialidade Engenharia

(a) Esta licenciatura foi incluída na área de conhecimento referente à engenharia civil e engenharia de minas.

O RSG desta área foi de todos aquele que, duma forma ou outra, mais se tentou aproximar do conceito de *ranking*. Apesar da sua elaboração permitir algumas comparações (anexos 7 a 10), não foi declaradamente assumida essa posição. Registe-se, como fundamental no RSG, uma análise global (comentários e recomendações gerais) dos cursos de engenharia civil ministrados em Portugal.

Apesar de nos RAE terem sido já identificados os pontos fracos e fortes das licenciaturas avaliadas, o RSG reitera, num conjunto de anexos, esta análise de uma forma mais resumida e condensada.

(b) O RAE analisa vários parâmetros de forma descritiva recorrendo por vezes a indicadores numéricos. Foram incluídos 4 anexos, sendo de destacar o anexo III, em que é elaborada uma nota explicativa da correlação entre os termos de referência considerados na avaliação e a especificidade do curso de engenharia civil.

Na análise do RAE foram considerados o curso e a sua articulação institucional, o programa de ensino, os estudantes, os recursos humanos, o financiamento e infra-estruturas de apoio, as relações externas e internacionalização, a gestão da qualidade e o ambiente académico. As conclusões são obtidas a partir dos pontos fracos e fortes da licenciatura, terminando com o resumo transcrito no Anexo F.

c. Parâmetros de avaliação do conjunto dos cursos da AM

Por razões meramente funcionais os factores considerados nesta análise encontram-se, sempre que possível, enquadrados nos parâmetros de avaliação definidos pela FUP, que como já foi referido não são rigorosamente iguais para todos os cursos.

Assim, numa tentativa de integração final dos vários relatórios elaborados, considera-se como fundamental o seguinte:

(1) Objectivos do curso

– Os objectivos dos cursos ministrados na AM encontram-se, na generalidade, bem definidos e são adequados ao desempenho previsível dos alunos, quando inseridos na futura estrutura profissional.

(2) Organização Científica e Pedagógica

– Existe coerência entre as várias vertentes do ensino. As estruturas curriculares estão, na generalidade, bem dimensionadas e adequadas aos objectivos dos cursos, merecendo contudo uma melhoria ao nível da coordenação das matérias. Refira-se que a estrutura existe, sendo somente necessário melhorar e executar com mais proficiência as competências e responsabilidades definidas para os diversos órgãos.

– Os programas das disciplinas, na generalidade, estão adequados aos objectivos dos cursos. Contudo, num caso ou noutro muito particular, existe sobreposição de conteúdos programáticos. As precedências das disciplinas deverão também elas merecer uma atenção constante. Para além do Tirocínio para Oficial, foi também referenciada alguma ausência de trabalhos transdisciplinares.

– A carga horária parece continuar um pouco exagerada, se considerarmos todas as vertentes de formação dos alunos da AM. Talvez seja difícil prosseguir a sua diminuição e, eventualmente, poder-se-á interrogar se será desejável que tal aconteça. No entanto, refira-se que o assunto merece uma atenção constante.

– A CAE da Engenharia Electrotécnica sugere alguns ajustamentos no currículo do respectivo curso em áreas como, por exemplo, Óptica e Acústica, Física Estatística e Mecânica Quântica. Na especialidade de Material recomenda o reforço da formação nas áreas de Electrónica de Potência, Automação e dos Sistemas de Energia Eléctrica. No entender desta CAE, também deverá ser reforçada a formação científica de base.

– A continuidade dos conteúdos programáticos das disciplinas ministradas na AM e no IST tem sido assegurada, mas não deixa de constituir um assunto de permanente preocupação. Relativamente aos trabalhos finais de curso foi referido que, para os cursos de Engenharia, a AM possa sugerir ao IST que os mesmos sejam orientados para assuntos com eventuais aplicações militares.

– Apesar dos cursos em avaliação se reportarem à estrutura curricular de 1997, é de relevar a boa receptividade da CAE das Armas à recente revisão curricular que veio conferir maior dimensão às Ciências Sociais e Humanas.

– A CAE das Armas considerou que, face ao relativamente reduzido número de alunos no conjunto dos três cursos - Infantaria, Artilharia e Cavalaria – e dadas as áreas de sobreposição dos currículos destes, fosse encarada a fusão num só, com cadeiras opcionais numa fase avançada do mesmo, em função das Armas a que, no futuro, os alunos irão ser destinados.

– Apesar de não ter constituído um factor em apreciação na avaliação do curso de Administração Militar, não deverá este curso encontrar uma estrutura que defina uma área científica, que no âmbito das acreditações junto da Ordem dos Economistas (gestão / economia) ou ainda na Câmara dos Técnicos Oficiais de Contas, encontre reconhecimento pleno do curso congénere civil que se entenda como necessário para o Exército?

– A CAE da Administração identificou algumas lacunas curriculares nas áreas do Marketing, Comportamento Organizacional / Recursos Humanos, Estratégia Empresarial e Logística.

– Apesar de reconhecidamente a capacidade pedagógica dos professores não apresentar preocupações, deverão contudo ser implementadas com regularidade actividades de sensibilização e de formação contínua dos docentes em matéria de métodos e técnicas pedagógicas, designadamente as que fazem apelo à utilização de novas tecnologias aplicadas ao ensino. Esta actividade legitimaria o que já neste momento constitui um ponto forte do ensino da AM. Complementarmente refira-se que a implementação da Declaração de Bolonha irá obrigar a uma reorientação dos actuais processos pedagógicos, pois com a introdução de novos conceitos de ECTS (European Credit Transfer System), a formação não presencial irá gradualmente ocupar uma parcela importante nos currículos dos cursos.

– Considerando que as componentes militares e de educação física constam das actividades de carácter obrigatório do plano dos cursos, foi sugerida pela CAE das Armas a inclusão, no plano curricular do curso, dos créditos consagrados a actividades de educação física e de treino e instrução militar.

– Atentas as respectivas especificidades, é necessário efectuar as adaptações do ensino superior militar ao novo enquadramento legislativo português no âmbito do Ensino Superior que, ao que se prevê, passará fundamentalmente pela revisão de diplomas como a nova lei de bases da educação, as bases de financiamento do ensino superior, o estatuto da carreira docente universitária e a lei da autonomia, organização e funcionamento dos estabelecimentos de ensino superior. Acresce ainda toda a recente legislação sobre o sistema de avaliação do ensino superior já referida no ponto 1. do presente relatório.

– De não menor importância e, apesar das indefinições ainda existentes a nível nacional sobre as implicações da Declaração de Bolonha no ensino superior universitário, provavelmente este será o grande desafio que se colocará à AM num futuro próximo. A constituição de uma comissão de acompanhamento interna, assente na estrutura funcional da AM, facilitará, a devido tempo, a adaptação do seu ensino a esta nova realidade.

– Foi recomendado pela CAE das Armas o reforço das competências efectivamente exercidas pelo Conselho Académico, designadamente no tocante ao recrutamento e formação académica do pessoal docente e à análise dos currículos dos cursos, com vista à sua permanente actualização.

(3) Admissões

– As vagas não têm sido preenchidas na sua totalidade. As razões, eventualmente, são externas à AM, sendo referido comummente a fraca qualidade do ensino pré-universitário, como uma séria preocupação de todo o sistema de ensino nacional, nomeadamente nas áreas da Matemática e do Português. A AM deverá minimizar as consequências desta fragilidade, reforçando o esforço de promoção dos cursos junto da sociedade civil recorrendo a métodos de divulgação e marketing, mantendo sempre como fundamental critérios mínimos de qualidade para as respectivas admissões.

(4) Alunos

– O regime de prescrições é salutar e por alguns considerado até adequado. Duas das CAE (Eng. Electrotécnica e Administração) consideraram que, eventualmente, é muito severa a regra das prescrições, podendo no entender desta última, promover a "coacção" sobre os docentes no sentido de aprovar os alunos. Por outro lado, a mesma CAE, considera que o regime de prescrições em vigor na AM "encoraja" os alunos a obter aproveitamento a todas as disciplinas. Constitui um assunto a reflectir.

– Os alunos da AM sentem-se justamente avaliados. Foi assumido pela generalidade das CAE que os critérios de avaliação estão organizados de forma adequada. Este factor é fundamental para a credibilidade de todo o sistema de ensino. Apesar do referido, uma das CAE sugere que a dispensa (com a classificação de 10) de exames finais que englobem toda a matéria da disciplina merece uma reflexão.

– Nos RAE dos cursos de Administração e das Armas é referido que o regime de internato continua a ser um dos princípios organizacionais mais adequados para a formação que se pretende ministrar aos alunos da AM.

– As taxas de insucesso são muito reduzidas. As comissões, na sua generalidade, apesar de alguma apreensão inicial, entenderam as razões muito específicas da AM, que permitem as elevadas taxas de sucesso.

– A inserção dos alunos dos cursos de Engenharia no IST processa-se sem dificuldade.

– O número de alunos nos cursos de engenharia é baixo. Indiscutivelmente o rendimento escolar é superior em turmas pequenas. Contudo, foi sugerido pela CAE de Engenharia Mecânica o referencial ideal de 10 alunos/turma. Esta comissão levanta mesmo a hipótese de a AM vir a formar engenheiros civis (ou seja, não militares) com contrapartida do pagamento dos respectivos estudos. Sobre este assunto, a CAE da Engenharia Militar sugere também uma reflexão sobre a possibilidade de abrir a escola à sociedade, pelo menos para uma turma por ano da licenciatura (20/25 alunos).

– Apesar das especificidades da instituição militar, poder-se-á equacionar a participação dos alunos em alguns órgãos ligados ao ensino, nomeadamente no Conselho Pedagógico.

212 *Avaliação – Contributos para a Reformulação*

– A disciplina de Inglês nos cursos da AM constitui um elevado valor acrescentado. Ao nível interno tem sido motivo de alguma reflexão a sua inserção na componente científica do ensino da AM, bem como o "peso" (4 disciplinas anuais) da disciplina de Inglês nas classificações finais dos cursos.

(5) Corpo docente

– As qualificações do corpo docente militar não deverão constituir factor de preocupação exagerado, pois a formação dos militares ao longo da sua carreira justifica, por si só, ao nível da AM, uma tendência de equivalência a certos graus académicos, isto no parecer da CAE das Armas.
Contudo, esta opinião não pode ser extensiva às avaliações dos cursos de Engenharia pois, apesar de se entender a especificidade da AM nesta matéria, os parâmetros estabelecidos pela FUP para a avaliação do corpo docente sustentam-se, quase exclusivamente, nos graus académicos, pelo que a AM deverá considerar a valorização deste factor na gestão do seu corpo docente. Apesar do referido anteriormente, os graus académicos do actual corpo docente constitui, provavelmente, a maior fragilidade do ensino na AM.
Assim, no que respeita ao provimento de docentes para as disciplinas não militares, deve-se prosseguir a rápida convergência com as exigências de qualificação do ECDU.
– As admissões dos docentes militares, nas áreas fundamentais do conhecimento militar, deverão continuar a ser encontradas em oficiais dos quadros permanentes, de larga experiência e reconhecida competência técnica, científica e pedagógica, demonstradas através do respectivo "curriculum" profissional e sendo possuidores de habilitações mínimas com grau de licenciado, constituindo, naturalmente, um valor acrescentado se detentores de graus académicos superiores. O definido estatutariamente para o recrutamento e selecção de docentes militares afigura-se correcto (concurso, convite e escolha).
– Os docentes militares deverão adquirir maior estabilidade ao nível da permanência nas suas funções docentes. Tem, efectivamente, havido uma preocupação nesta área que, como se sabe, tem contribuído para minimizar esta fragilidade. Contudo, a eventual constituição de um denominado "corpo docente militar" aconselha uma profunda e alargada reflexão.

Ensino Superior Militar – Primeira Reflexão

– O efectivo e as categorias de docentes civis constantes do Quadro Orgânico da AM deverão ser reequacionados face à nova realidade, nomeadamente considerando as cargas horárias das áreas científicas dos novos planos de estudo e também as categorias e exigências do ECDU.
– Deverá ser analisado profundamente o regime de avaliação pedagógica e científica do corpo docente.

(6) Pessoal não docente

– A distribuição das actividades por dois aquartelamentos requer um esforço acrescentado ao nível da racionalização dos efectivos não docentes.
– A idade do pessoal não docente é algo elevada, pelo que se perspectivam algumas aposentações, o que se torna preocupante face às presentes restrições ao recrutamento de funcionários públicos.
A extinção do Serviço Efectivo Normal irá condicionar a colocação de militares na AM, sendo que este facto poderá afectar alguns serviços.
Assim, poderemos assumir que a gestão do pessoal não docente constitui uma preocupação na actual realidade da AM.

(7) Financiamento

– Ainda não é possível elaborar um racional coerente ao nível dos custos comparativos das diversas instituições de ensino superior universitário. Apesar deste critério de análise não se encontrar ainda totalmente definido pelos Conselhos de Avaliação, a AM deverá cada vez mais encontrar respostas que possam ser enquadradas em dois grandes objectivos:
  • Custos por aluno/ano e por aluno/licenciatura dos vários cursos, com separação clara entre os custos com encargos atribuíveis directamente ao ensino e os custos totais que, naturalmente, consideram a especificidade militar.
  • Separação entre o custo de funcionamento e o custo de investimento, custo este que naturalmente não poderá ser afecto, na sua totalidade, a um determinado universo de alunos.

(8) Infra-estruturas

– Apesar da sua idade, na generalidade, as instalações são adequadas e encontram-se cuidadas. Foram referidas com agrado pelas várias CAE as potencialidades das novas e também futuras instalações da Amadora (plano director).

– A existência de infra-estruturas desportivas é de relevar, sendo uma excepção no sistema de ensino superior universitário.

– Existe, contudo, principalmente nos cursos de Engenharia, um relevante ponto fraco a considerar: os equipamentos laboratoriais, na generalidade, encontram-se desactualizados. As CAE foram unânimes em considerar que a entrada em funcionamento do "Edifício da Direcção de Ensino", na Amadora, poderá constituir a oportunidade de intervenção nesta área, tão sensível para os Cursos de Engenharia. Assim poderemos construir um racional para reequipamento dos laboratórios que passará por três grandes abordagens:
  • Transferência de equipamentos existentes e que se encontram minimamente actualizados;
  • Adequação dos equipamentos a adquirir aos actuais planos de estudo e aos efectivos dos cursos;
  • Na eventualidade de um determinado equipamento ser demasiado dispendioso e a sua utilização ser reduzida, assumir-se, desde logo, que essa valência passará pelos laboratórios existentes no IST ou por outra qualquer instituição.

– A biblioteca da Sede aparenta uma "carga histórica" que pode, eventualmente, desmobilizar a consulta pelos alunos. A futura biblioteca da Amadora indicia que a funcionalidade de acessos e consulta poderá ser boa. A actualidade das obras a adquirir deverá merecer uma constante atenção. Poderemos considerar que esta biblioteca deverá assentar na lógica de funcionalidade efectiva para os alunos, pelo que toda a sua bibliografia deverá estar actual e adequada às necessidades exigidas pelos actuais planos de estudo que serão ministrados na Amadora. Os livros que deixem de cumprir este critério deverão ser transferidos para a "biblioteca histórica" da Sede.

– As tecnologias de informação desempenharão, seguramente, na sociedade do futuro, um papel de enorme importância. Os relatórios, por vezes, apresentam alguma contradição nesta área. Se por lado é reconhecido, embora não por todas as CAE, que o hardware disponível para o ensino não apresenta preocupações, é também necessária uma tomada de consciência de que a dinâmica de evolução nesta área é muito célere.

A prioridade nas tecnologias de informação tem de ser assumida em todas as suas vertentes, não só ao nível do ensino, pois nesta área é inequívoca a sua importância, como também na actual estrutura organizacional da AM. Deverá ser implementado um sistema de informação electrónico, que deverá incluir serviços dinâmicos orientados para todas as componentes do funcionamento da AM, nomeadamente na troca de informação entre os diversos órgãos/departamentos, notas de alunos, planos de estudo, conteúdos programáticos, notas de acesso, candidaturas à AM e muitos outros. Releva-se nesta área a enorme importância de manter uma página de Internet dinâmica, funcional e "convidativa" sob vista visual.

Assim, os meios humanos, financeiros e materiais disponíveis para as tecnologias de informação, bem como para os meios audiovisuais, requerem uma atenção permanente.

– A existência de uma Sala de Desenho Técnico constituirá um enorme valor acrescentado para os cursos de Engenharia.

(9) Investigação

– A investigação, em termos conceptuais, constitui sempre uma referência ao nível do ensino superior universitário. A AM, apesar da sua especificidade, deverá encontrar um rumo próprio que se enquadre dentro dos seus objectivos. Será que a investigação não poderá encontrar novas valências nos graus académicos póslicenciatura que a AM, no futuro, possa vir a ministrar? E porque não nas exigências curriculares obrigatórias para a progressão na carreira de novos docentes (assistentes) a recrutar pela AM?

– As CAE verificaram com agrado que a AM iniciou esta actividade. No entanto, referiram que a mesma deverá ser sempre uma preocupação dos docentes e não dos discentes, devendo estes ser somente sensibilizados e inseridos pontualmente nos projectos, para não os desviar das suas tarefas fundamentais.

– Os projectos deverão considerar, sempre que possível, temas orientados para assuntos relacionados com a actividade militar, para a inovação e para a vanguarda do conhecimento tecnológico, recorrendo aos desejáveis intercâmbios com o exterior.

216 *Avaliação – Contributos para a Reformulação*

– Deverão, também, ser analisadas as relações directas dos temas dos projectos de investigação com os cursos ministrados na AM.
– Os docentes deverão ser encorajados a desenvolver progressivamente as actividades de investigação, quer através da expansão das actividades e leque de cobertura de projectos do CINAMIL, quer por via da colaboração com outras entidades nacionais e estrangeiras.
– Actualmente existem docentes civis a desenvolver projectos de investigação no exterior da AM. Deverá ser encontrada uma metodologia que integre estas actividades com os objectivos da AM. Refira-se que para além da componente científica daí resultante, a imagem e prestígio da instituição militar poderá, com estas actividades, sair reforçada junto da comunidade científica/ /universitária.

(10) Relações Externas

– Apesar de existir um número significativo de convénios e protocolos, que na sua generalidade estão relacionados com as necessidades de docência da AM, as relações externas deverão ser reforçadas e alargadas.
– A colaboração científica com universidades civis, a participação em projectos científicos e técnicos da NATO e a convergência com o Exército nas suas necessidades de I & D poderão constituir áreas de intervenção no domínio das relações externas.
– Deverão ser mantidos e se possível reforçados os intercâmbios com as Academias Militares dos países amigos. Poderemos até reflectir se, face às novas tendências do ensino (mobilidade, programas Sócrates/Erasmus, etc), a frequência dessas escolas por alguns dos nossos alunos (por exemplo: trabalho final de curso) não constitui um valor acrescentado para o Exército Português.

(11) Qualidade

– A CAE das Armas recomendou, inclusive, a adopção, pela AM, de uma perspectiva de Qualidade Total, por via da criação de um Plano Anual de Qualidade e da designação de um Gestor do Plano.

(12) Cultura institucional

– Existe uma boa cultura institucional. Os alunos identificam-se com a instituição militar. Este constitui um ponto muito forte relativamente às congéneres civis. A AM deverá estar atenta a esta mais valia pois a aparente "colagem e comparação" ao ensino superior universitário civil poderá enfraquecer os níveis de envolvimento e pertença dos alunos relativamente à instituição.
– Na generalidade, todos os relatórios referem a disciplina, as regras de comportamento e o rigor dos procedimentos, como factores potenciadores da aprendizagem. Curiosa uma das conclusões da CAE de Eng. Electrotécnica: "A disciplina e as regras de aproveitamento escolar praticadas na Academia Militar contribuem decisivamente para incutir nos alunos a consciência de que o insucesso escolar não é nem académica nem socialmente aceitável".

4. CONCLUSÕES

O primeiro Ciclo de avaliação dos cursos da AM foi inserido, por razões várias, no segundo Ciclo de avaliações da Fundação da Universidades Portuguesas. Esta actividade, fundamental para a promoção da qualidade e do prestígio do ensino da AM junto da sociedade civil, decorreu dentro de uma expectativa de inovação e abertura ao sistema de Ensino Superior Universitário Português.

O objectivo global da plena inserção da AM no sistema de avaliação do ensino superior universitário foi atingido. Este processo permitiu, por um lado, identificar as fragilidades existentes, e por outro, uma tomada de consciência dos pontos fortes do ensino na AM. De um modo geral poderemos assumir que actualmente os cursos da AM se encontram num patamar de qualidade que não oferece grandes preocupações, mas que, contudo, necessitam de alguns ajustamentos para poderem ser, eventualmente, inseridos nos desejáveis referenciais da qualidade do ensino superior universitário.

Assim, para além de toda a matéria referida na análise do presente relatório, poder-se-ão eleger como fundamentais as seguintes áreas de intervenção:

a. Melhoria da qualificação académica do corpo docente;
b. Reforço e consolidação da investigação científica;
c. Reforço das relações externas;

d. Reequipamento adequado dos laboratórios e biblioteca;
e. Adaptação das tecnologias de informação às reais necessidades da AM;
f. Atentas as respectivas especificidades, efectuar as adaptações necessárias do ensino superior militar ao novo enquadramento legislativo português no âmbito do Ensino Superior. Face à actual realidade da AM, merecem especial atenção a inserção plena da componente investigação no sistema de ensino e a capacidade legal da AM para ministrar graus académicos pós--licenciatura.
g. Identificadas as fragilidades houve que desenvolver uma metodologia que envolvesse toda a estrutura da AM, de modo a minimizar os pontos fracos detectados e que se entendam passíveis de ajustamentos no actual sistema de ensino.

Assuntos existem que, apesar de não constituírem fragilidades, mereceram pequenas referências durante o processo de avaliação, facto que, por si só, aconselha a uma reflexão interna. Poderemos salientar como mais significativas as seguintes áreas:

– Inserção do Inglês nos planos de estudo dos cursos. De que modo e com que "peso"?
– Inclusão de créditos consagrados às actividades de educação física e instrução militar. Será de considerar dentro do conceito de ensino superior universitário?
– Actual regime de prescrições. Não será demasiado rigoroso?
– Carga horária – padrões nacionais *versus* especificidade da AM.
– Dispensa de exame final. Qual a nota para atingir a dispensa de exame?
– Qual a intervenção da AM nos estágios profissionais (cursos de engenharia)?
– Frequência dos cursos de engenharia por alunos civis. Será adequado face à actual realidade?
– Existirá vantagem na acreditação dos cursos de administração? Se sim, em que área do conhecimento?
– Participação dos alunos no Conselho Pedagógico. A especificidade da Instituição Militar será receptiva a esta proposta?
– Fusão dos 3 cursos das Armas – Infantaria, Artilharia e Cavalaria. A "cultura" das Armas não constituirá um obstáculo?

Ensino Superior Militar – Primeira Reflexão 219

h. Implementar medidas que promovam melhorias nas seguintes áreas:

(1) Acções a desenvolver a curto prazo

- Coordenação de programas;
- Precedências de disciplinas;
- Trabalhos transdisciplinares;
- Reforço da ligação ao IST; ex: relação entre os trabalhos finais desenvolvidos no IST e matérias com interesse para o Exército;
- Competências Pedagógicas face às novas tendências do ensino - ensino ao longo da vida e ensino não presencial;
- Página de *Internet* da AM;
- Circuitos electrónicos de informação interna. Definição de um plano director de *hardware* e *software*;
- Reequipamento dos laboratórios e biblioteca da Amadora. Analisar a relação/custo eficácia de uma sala de desenho técnico;
- Actividades de investigação com a definição de linhas orientadoras para o lançamento de novos projectos. Nesta área merece especial incentivo a promoção das relações com o exterior;
- "Construção de uma contabilidade" que responda aos quesitos da avaliação externa;
- Reforçar as acções de divulgação e *marketing* dos cursos da AM;
- Gestão de pessoal não docente: admissão e formação de pessoal civil/recurso a serviços externos; adaptação ao novo regime de prestação do serviço militar (extinção do SEN);
- Implementação de um Plano de Qualidade.

(2) Acções a desenvolver a médio prazo

(a) Considerando a complexidade e abrangência de algumas das matérias em análise, deverão as mesmas ser objecto de um alargado debate que possa vir a constituir um forte contributo de apoio à decisão.

(b) Considerando a *Declaração de Bolonha* como o início de uma fase de profunda alteração no sistema de Ensino Superior na Europa, deverão ser analisadas as suas consequências no sistema de ensino da AM.

Deste modo e cumprindo, desde logo, uma das recomendações da CAE das Armas propõe-se que:

220 *Avaliação – Contributos para a Reformulação*

> ➢ No tocante ao plano de estudos se crie uma Comissão de Projecto que leve a cabo a previsão das medidas a tomar para o enquadramento dos Cursos da AM nas condições previstas pela Convenção de Bolonha, considerando as especificidades do ensino superior militar.

Esta análise deverá encontrar respostas para a actual tendência de "internacionalização" do ensino. O estudo sobre a formação dos Oficiais do Exército Português e os consequentes perfis dos cursos deverá considerar, entre outros, factores de análise, tais como:

– Modelos de formação de Oficiais no quadro da Europa e da NATO.

– Ambiente internacional e suas constantes mutações, com as decorrentes implicações ao nível da diversidade de tarefas que hoje se enquadram na missão das Forças Armadas, onde recentemente as CRO (*crises response operations*) assumiram um papel de relevo.

– Avançadas tecnologias dos sistemas funcionais.

(3) Acções em curso

Das acções desenvolvidas com o objectivo de consolidar as reformas em curso e melhorar a qualidade do Ensino, assumem especial significado o crescente número de professores e oficiais da AM a frequentar doutoramentos e mestrados e a crescente incidência do esforço de recrutamento para o desempenho de funções docentes nesta Academia, em oficiais possuidores destes graus académicos; o prosseguimento dos cursos de Pós-Graduação em Guerra da Informação-Competitive Intelligence e início do Mestrado de História Militar em parceria com a Universidade dos Açores; no âmbito da cooperação, o alargamento dos protocolos estabelecidos com algumas Universidades, Autarquias e Federações Desportivas encontrando-se já boa parte em apreciação para posterior assinatura, no Estado-Maior do Exército, onde além do ensino, são abrangidas as áreas da cultura, ambiente, desporto e infra-estruturas; a progressiva criação de condições para o desenvolvimento das actividades de investigação científica envolvendo a coordenação dos projectos do Exército, a ligação à Indústria Nacional e a adesão a Projectos tutelados por outras organizações internacionais; o prosseguimento do apetrechamento dos novos laboratórios e a transferência dos que existiam na Sede para as instalações do Destacamento da Amadora; e o prosseguimento das acções de montagem da Biblioteca Escolar daquele Destacamento que foi reforçada com pessoal técnico especializado, viu substancialmente aumentado o seu acervo bibliotecário e verá em breve melhoradas as suas condições de funcionamento.

A par da consolidação das reformas em curso na sequência da Declaração de Bolonha, será o ano de 2006 decisivamente marcado pela prioridade conferida à conclusão do processo de reestruturação dos curricula dos cursos ministrados pela AM, para o que prosseguirão e serão acelerados os estudos em curso, através de um processo interactivo que exigirá a mobilização de docentes e discentes e uma estreita coordenação com as instituições universitárias nacionais, com as nossas congéneres estrangeiras e com o Comando da Instrução do Exército.

Este conjunto de reformas, a que poderemos chamar a "educação pela transformação", pretende acompanhar a rápida evolução dos saberes e das competências da Sociedade de Informação, constituirá o indispensável e valioso suporte para a formação global dos futuros chefes militares, cuja especificidade assenta numa vertente comportamental, elemento nuclear e permanente da sua formação, visando desenvolver vocações, aperfeiçoar o carácter, cultivar as virtudes da honra, da lealdade, do bom senso, da coragem e da abnegação, indissociáveis da sua conduta como cidadãos e como militares, a que chamaremos a " educação pelos valores".

As actividades de investigação merecem especial atenção porque apresentamos ainda vulnerabilidades significativas, nomeadamente:

– Afirmar a Academia Militar no sistema universitário e na comunidade científica nacional como uma instituição geradora de saber, onde se estruturam projectos de I&D e se geram competências em áreas científicas em que se situam as necessidades operacionais do Exército e da GNR.

– Incentivar a participação do corpo docente nas actividades de investigação a desenvolver.

– Dar visibilidade às actividades de investigação da Academia Militar incentivando a produção de publicações e a realização de Seminários.

– Estabelecer as acções necessárias para a elaboração de protocolos de parceria que, promovendo a ligação ao sector industrial e ao Ministério da Defesa Nacional, assegurem os apoios científico, tecnológico e de financiamento para o desenvolvimento dos projectos de investigação em curso.

222   *Avaliação – Contributos para a Reformulação*

– Desenvolver as acções necessárias para que seja proposta à FCT a criação de uma linha de investigação para a área da Segurança e Defesa.

Consolidar as acções de integração da AM no sistema de ensino superior universitário. Neste âmbito prosseguir as diligências já efectuadas para alteração do Estatuto no sentido de ser reconhecida a capacidade da Academia Militar para conferir o grau de Mestre, seleccionando as áreas nas quais de forma progressiva e consolidada serão conferidos, de modo autónomo ou em parceria, aqueles graus académicos. Em conformidade, rever e aprofundar os Protocolos, já existentes, com as Universidades com as quais estabelecemos acções de cooperação para o efeito. Em particular, considerar as acções de cooperação a realizar com o IST, a Universidade do Minho, a Universidade Lusíada e a Faculdade de Ciências Médicas da Universidade Nova.

Criar as condições para facilitar a consulta a um suporte bibliográfico mais alargado de apoio ao ensino, através da melhoria, já conseguida, do acesso à Internet e à Rede Informática do Exército e da ligação às redes das bibliotecas de outras Universidades com as quais mantemos protocolos de cooperação, com prioridade para a Faculdade de Ciências Médicas da Universidade Nova, Universidade Lusíada, Instituto Superior Técnico e Universidade do Minho. Na mesma linha de raciocínio avaliar as vantagens de manter a adesão à "B-on".

Orientar as práticas pedagógicas no sentido de um ensino mais participativo, que valorize o trabalho do aluno, estimule uma atitude mais interventiva e contribua para o desenvolvimento da sua capacidade de comunicação. Fomentar o exercício de uma pedagogia em que os alunos passem a ter maior controlo e responsabilidade sobre as tarefas que têm que cumprir, nomeadamente através da administração dos seus tempos livres. Adoptar uma cultura de aprendizagem que recorra o mais possível ao uso das tecnologias de informação, as quais devem constituir base fundamental de suporte ao ensino.

Estabelecer colaboração com o IST e suporte de pessoal habilitado, para o levantamento de uma intranet aplicacional em ambiente Web de apoio ao Ensino e vida interna da AM.

Desenvolver as acções que rentabilizem e potenciem a adesão, já materializada, da AM ao programa Erasmus Mundus.

Implementar um sistema de informação que permita a actualização anual da contabilização dos custos de formação dos Alunos das diferentes Armas e Serviços do Exército e da GNR.

Transmitir os resultados do inquérito de avaliação do ensino ao Corpo Docente e Discente, de forma a retirar dela conclusões úteis para a melhoria do ensino, motivar o Corpo Docente e Discente para a importância desta actividade e credibilizar o trabalho da Secção de Qualidade.

i. Considerações finais

(1) Relativamente ao Sistema de Gestão da Qualidade e endogeneização de uma cultura de qualidade:

- O Comando da AM revê periodicamente o desempenho dos processos e da organização utilizando os resultados das avaliações enquanto suporte a processos de inovação e melhoria;
- Os resultados das avaliações da qualidade influenciam o planeamento estratégico institucional,
- Existe uma preocupação clara e um envolvimento efectivo do Comando da AM na definição de uma política de qualidade e de mecanismos para a sua promoção, que possibilite uma melhoria contínua,
- A AM preocupa-se em obter "feedback" regular da sua estrutura e dos ex-alunos relativamente ao seu desempenho e à qualidade no curto e longo prazo,
- A AM desenvolveu processos sistemáticos e regulares de avaliação interna da sua qualidade e dos processos que nela decorrem,
- A cultura da qualidade da AM é sólida e responsabilizante, alicerçada nas virtudes militares, formação moral, ética e técnica do seu Corpo Docente (Militar e Civil).
- A AM tem na sua estrutura um órgão, Secção da Qualidade, orientado para a apreciação e posterior incremento da qualidade na AM.

É dever da AM a procura constante dos melhores padrões de exigência. É nesta área que, naturalmente, poderemos procurar o melhor caminho. Nestas circunstâncias é fundamental fomentar na consciência de todos os agentes do ensino na AM a cultura da qualidade. A AM deve centrar a sua actuação numa postura activa e continuada na procura da qualidade do ensino.

A avaliação da qualidade é um instrumento essencial para desenvolver a confiança nos créditos e qualificações atribuídos por outras Instituições, tanto a nível nacional como europeu. O desenvolvimento desta confiança requer que os processos de avaliação de cada país sejam

224 *Avaliação – Contributos para a Reformulação*

conhecidos e a sua validade reconhecida pelas Instituições dos demais países. A Rede Europeia de Avaliação da Qualidade pode ter um papel importante neste campo. O sistema de avaliação do ensino superior é fundamental e irreversível.

(2) Relativamente às acções a implementar, no sentido de melhorar a eficácia, utilidade e relevância da fase de auto-avaliação dos cursos:

– Melhorar o sistema de informação interna;
– Procurar identificar todos os docentes com o sistema e ministrar-
-lhes a formação adequada;
– Tomar medidas de carácter permanente a fim de melhorar ou solucionar os pontos fracos;
– Implementação de um sistema informático para o efeito.

(3) Quanto à avaliação externa há a destacar:

– A relevância, a pertinência e a adequabilidade das recomendações de melhoria da qualidade dadas pelas comissões de peritos.
– A AM deveria ter docentes que integrassem essas comissões de peritos.

(4) No que respeita ao pós-avaliação, o relatório final de avaliação foi analisado criticamente e de forma participada pelos Depar-
tamentos e, nele constam:

– Um resumo dos pontos fracos e fortes dos cursos,
– Uma apreciação crítica quer do processo de auto-avaliação, quer do de avaliação externa,
– Comentários críticos às recomendações das comissões de peritos,
– Um plano de acção para a melhoria da qualidade, com indicação das acções a levar a cabo.

30 de Novembro de 2005

O Comandante
General Carlos Alberto de Carvalho dos Reis

ACADEMIA DA FORÇA AÉREA

Os Cursos de Ciências Militares Aeronáuticas

Uma história recente

Apesar de já ter encerrado o seu Segundo Ciclo, o Sistema de Avaliação do Ensino Superior Universitário não contou, desde o seu início, com a adesão do chamado Ensino Superior Militar, que se concretiza através dos três Estabelecimentos de ESM, ou sejam, a Escola Naval a Academia Militar e Academia da Força Aérea.

Ao aderir a este sistema apenas no final do 1º ano do Segundo Ciclo, que decorreu entre 2000 e 2005, a Academia da Força Aérea (AFA) teve três, dos seus cinco cursos de nível universitário, avaliados a nível externo. De facto, e já que, quando aderiu, tinham sido avaliados os cursos de licenciatura em Mecânica, Electrotecnia e Energia, as licenciaturas da AFA em Engenharia Aeronáutica e Engenharia Electrotécnica não puderam ser objecto, neste ciclo, de avaliação externa.

Algumas reticências iniciais relacionadas com a estrutura militar assente numa forte hierarquização, terão estado na origem desta tardia adesão. A especificidade da Força Aérea como Instituição e a sua evidente exigência de altos padrões de qualidade de formação eliminaram rapidamente quaisquer receios de intromissão e promoveram a abertura à avaliação por um Entidade Externa à Organização Militar.

Os cursos avaliados

A AFA funciona desde 1978 como Estabelecimento de Ensino Superior Militar e é, nesta data, a única responsável por toda a formação superior dos Oficiais do Quadro Permanente, quer na área universitária, quer na área politécnica.

Na área universitária teve três dos seus cursos de licenciatura avaliados nos termos do Sistema de Avaliação do Ensino Superior Universitário, respectivamente:

Licenciatura em Administração Aeronáutica
Licenciatura em Engenharia de Aeródromos
Licenciatura em Pilotagem Aeronáutica

Qualquer destes cursos de licenciatura foi objecto de auto-avaliação conduzida por Comissão especializada de Oficiais, nomeada para esse efeito e que foi a responsável pela elaboração do respectivo Relatório.

A Licenciatura em Administração Aeronáutica teve como ano abjecto de referência 2000/2001 e foi objecto de avaliação externa no Ano Lectivo de 2001/2002. Tendo sido o primeiro curso da AFA a ser avaliado, alguma incorrecta interpretação das normas de avaliação conduziram a que não fosse considerada pela Comissão a componente exterior do curso, assegurada pelo ISEG. Tal facto constituiu uma deficiência da Auto-avaliação, que as Comissões seguintes corrigiram imediatamente.

A Licenciatura em Engenharia de Aeródromos teve com ano objecto de referência 2001/2002 e foi objecto de avaliação externa no ano lectivo de 2002/2003. No Relatório de Auto-avaliação já foi, obviamente, considerada a componente que é assegurada pelo IST.

Finalmente, a Licenciatura em Pilotagem Aeronáutica, o único curso de licenciatura integralmente assegurado pela AFA foi objecto de Auto-avaliação em 2001/2002 e de Avaliação Externa no Ano Lectivo de 2002/2003.

Apesar de não poderem ser objecto de avaliação externa, os cursos de Licenciatura em Engenharia Aeronáutica e Engenharia Electrotécnica foram auto-avaliados durante o ano lectivo de 2004/2005. A AFA sempre se mostrou disponível para a possibilidade de avaliação externa destes cursos em ano residual. o que não veio a acontecer.

Conclusões, ensinamentos e perspectivas

O Ensino Superior Militar, em geral, e a AFA, em particular, contêm em si mesmos virtudes e defeitos que se geram a partir da sua especificidade. Assim um dos seus pontos mais fortes é o da total empregabilidade para os seus licenciados, já que as vagas que se abrem são aquelas que se justificam pela necessidade dos seus quadros orgânicos. Isto é, a dimensão dos seus cursos de licenciatura depende das necessidades em oficiais, tornando-se, assim, num seus pontos fracos, i.e. a questão de escala, que, se por um lado se traduz em elevados custos por aluno, por outro conduz a um maior acompanhamento e aproveitamento individuais. Na prática, contribui para um elevada taxa de sucesso. É evidente que esta questão é mais crítica nos cursos de Engenharia e Administração e muito menos no curso de Pilotagem Aeronáutica.

Também a constituição de turmas conjuntas nas cadeiras comuns tende a minimizar o problema. Mesmo assim a questão permanece.

Outro dos pontos considerados é o da carga horária, vista como algo pesada. A realidade é que sendo verdade, se transforma, aos olhos dos seus mentores, como uma virtude do sistema de ensino, já que mantém uma ocupação quase constante e contribui, porque se trata de actividades, a maior parte dela em grupo, para uma forte coesão entre os alunos e para o espírito de corpo, uma das virtudes mais caras à Instituição Militar. Mesmo assim grande parte dessa carga horária distribui-se por cadeiras de índole física e militar que preparam os alunos para o desempenho de funções de comando e chefia. Qualquer comparabilidade com outros cursos universitários de natureza civil é, no mínimo, abusiva.

Reconhece-se, todavia, que esta sobrecarga tende a desincentivar a participação dos alunos em actividades de ID em áreas da sua especialidade e a busca de novas soluções para os problemas que se colocam às organizações. E o novo modelo de Ensino Superior que o Processo de Bolonha impõe, vem lançar aos Estabelecimentos de Ensino Superior Militar um novo desafio. A par da empregabilidade, essa porventura uma questão menor para os EESM, a mobilidade é uma questão ainda de contornos mal definidos, para os alunos militares universitários. As outras questões que Bolonha coloca têm a ver com a definição do sistema de ECTS e a correcta modelização dos dois ciclos conformes à estrutura militar.

Todas estas questões têm vindo a ser debatidas no seio da Força Aérea. Outras virtudes se reconhecem à adesão ao Sistema de Avaliação do Ensino Superior, nomeadamente a sujeição do Ensino Superior Militar à avaliação crítica de um outro olhar, um olhar completamente diferente, mas que contribui para um aperfeiçoamento do que está menos bem. Porque existem outros conceitos, porque existem outras realidades, porque o mundo muda em todo o momento que passa. E ter tudo isso em consideração é contributo que a abertura ao mundo exterior propicia aos militares, a quem uma tradição às vezes pesada corta e inibe.

Temos, neste momento, todas as condições para definir o modelo que queremos e precisamos para o Ensino Superior Militar.

ABSTRACT

HISTORICAL NOTE ON THE EVALUATION OF HIGHER EDUCATION

A. General considerations

The public universities and Catholic Portuguese University, represented in the Conselho de Reitores das Universidades Portuguesas – CRUP (Portuguese Rector's Conference), were responsible for the launching of the public debate on the evaluation of higher education aimed at analysing the established systems in other countries together with foreign experts, and in 1993 instituted a self-evaluation process within the scope of a pilot experience that was to be sanctioned by Lei da Avaliação do Ensino Superior (Higher Education Evaluation Law), for which purpose the Fundação das Universidades Portuguesas (Portuguese Universities Foundation) was set up.

Law 38/94 of 21 November, the Higher Education Evaluation Law, laid the bases of the evaluation and monitoring system applicable to public and private university and polytechnic higher education institutions, by creating the general framework of the evaluation model.

Significant is the wording of Article 76 of the Constitution of the Portuguese Republic, amended in 1997 by Constitutional Law 1/97 of 20 September, which rendered the legal, scientific, pedagogic, administrative and financial independence of Universities subject to positive evaluation of teaching standards.

With a view to drafting the instruments required to establish the provisions of the Higher Education Evaluation Law, by way of Order 147-A/ME/96 published in Diário da República (Official Journal), I Series – B, no. 192-A of 21 August, the Education Minister appointed the Reflection and Steering Group for the Evaluation Process of Higher Education Institutions, composed of a number of personalities from the subsystems and structures involved in the process and from the academic, scientific and professional community, which was entrusted the task of proposing rules and general principles aimed at defining and ensuring the implementation of the evaluation system for higher education institutions, the setting up of the representative entities and the cohesion and credibility of the higher education evaluation and monitoring system. The Reflection Group was also entrusted with creating self-evaluation guidelines, by areas of knowledge, for the bacharel (three years study programmes) and licenciatura (four to six years study programmes) given at private and cooperative higher education institutions and at polytechnic institutes. Upon the general guidelines being approved, the Reflection Group prepared a bill that, with amendments, resulted in Decree-Law 205/98 of 11 July.

Decree-Law 205/98 of 11 July created the Conselho Nacional de Avaliação do Ensino Superior – CNAVES (National Higher Education Evaluation Council), instituted the general rules for the implementation of the higher education evaluation and monitoring system, the general principles applicable to the setting up of the entities representing the public and private university and polytechnic higher education institutions and the general principles to ensure the harmony, cohesion and credibility of the system, and provided for the possibility of the system's meta-evaluation being carried out by a national or foreign independent entity in coordination with the Council.

In line with the provisions of Law 38/94, the evaluation system is applicable to all university and polytechnic, public and private, concordatory, private and cooperative, military and also police and security higher education institutions.

B. Main characteristics of the system

Scope

The higher education evaluation and monitoring system covers all public and private university and polytechnic higher education institutions, irrespective of the type of governance or supervision to which these are subject.

Under Article 2 (1) of Decree-Law 205/98 of 11 July, all institutions are entitled to participate in this system. Pursuant to Article 2 (2) of this Decree-Law, the institutions not exercising this right will be subject to an evaluation to be carried out under terms fixed by an order of the Minister for Science, Technology and Higher Education.

Objectives

The objectives of the evaluation system enshrined in the law are:
- To promote improved quality of the activities undertaken;
- To inform and clarify the teaching community and the Portuguese community in general;
- To ensure more accurate knowledge and more transparent dialogue between higher education institutions and to contribute to the adjustment of the higher education institutions network.

Principles

- Independence and impartiality of the evaluating entity, as a guarantee of the reliability of the results, by appointing national or foreign independent experts, teachers or personalities of recognised merit in the areas of education and research to the external evaluation committees and, depending on the nature of the activities to be evaluated, other personalities of recognised artistic, cultural and entrepreneurial merit;
- Actual participation of the evaluated institutions in the evaluation process, either through their governing bodies, where self-evaluation is concerned, or through the representative entities responsible for the coordination of external evaluation;
- Hearing of the teaching staff and students of the evaluated institutions;
- Publication of the evaluation reports and of the evaluated institutions' response.

Focus

The evaluation and monitoring system focuses on the quality of the scientific and pedagogic performance of higher education institutions, with particular emphasis on teaching, qualifications of the teaching staff, the research carried out, provision of services to the community and cultural actions undertaken, condition of the premises and pedagogic and scientific equipment, and international cooperation projects.

Without neglecting other aspects, the following must also be considered:
- Actual student demand, academic success and social support mechanisms;

234 *Avaliação – Contributos para a Reformulação*

- Integration of graduates in the labour market;
- Interdisciplinary, interdepartmental and interinstitutional cooperation;
- Organisation and management efficiency.

Contract-based links

The contract-based link of the evaluation process between the political power and the academic power is reflected by the signing of protocols between the Minister for Science, Technology and Higher Education (formerly the Education Minister) and the Representative Entities – FUP – Fundação das Universidades Portuguesas (Portuguese Universities Foundation); ADISPOR – Associação dos Institutos Superiores Politécnicos (Association of Polytechnic Institutes) and APESP – Associação Portuguesa do Ensino Superior Privado (Portuguese Private Higher Education Association).

Harmony, cohesion and credibility of the system

A global coordination structure – the National Higher Education Evaluation Council – was set up to guarantee the harmony, cohesion and credibility of the system. The law also provides for the same external evaluation committees for each area of knowledge in each university or polytechnic higher education subsystem.

Financing

Evaluation costs and self-evaluation costs are borne by the relevant institutions; external evaluation is co-financed by the Ministry for Science Technology and Higher Education and the institutions.

Stages of the evaluation process

In a few words, evaluation can be divided into two stages, which are self-evaluation and external evaluation, culminating in the overall institutional evaluation of higher education.

The meta-evaluation of the system can be carried out by a national or foreign external entity in coordination with the National Higher Education Evaluation Council, in its capacity as the system's national leading body, the purpose of this meta-evaluation being to ensure the total harmony, cohesion and credibility of the entire higher education evaluation and monitoring process, with a view to complying with the standards of excellence that must preside over the system's overall performance.

Institutions pertaining to the system

The system's national coordination body is the National Higher Education Evaluation Council. Its goal is to ensure the harmony, cohesion and credibility of the higher education evaluation and monitoring process, with a view to complying with the standards of excellence that must preside over the system's overall performance.

In order to contribute towards the high technical standards of the evaluation system being maintained, the National Higher Education Evaluation Council shall:

- On the basis of updated information, perform an ongoing critical evaluation of the evolution in the standards of excellence both in Europe and across the world;
- Observe the interdependences between the overall higher education system and the national and transnational civil society, formulating the principles to be observed in order to ensure sustained development.

It is responsible for examining the overall cohesion of the evaluation system based on the comparative study of the reports issued, focusing on:

- The indicators used in the different types of education;
- The requirement levels applied;
- The relation between the study programmes delivered and the labour market trends;
- The perspective of the European dimension of the evaluated programmes.

From the standpoint of the overall evaluation of the higher education system, the National Higher Education Evaluation Council is responsible for issuing prospective reports and recommendations for the rationalisation and improvement of the higher education system.

Within the scope of its powers, the following intervention areas are considered to be of particular relevance:

236 *Avaliação – Contributos para a Reformulação*

- Evolution of institutional cooperation;
- Preparation of the higher education system for integrated economic, cultural and social development;
- Analysis of the performance of the existing institutions in light of the internal and external requirements of a knowledge and information society;
- Convergence of the higher education system to exercise citizenship.

To be noted is that, with a view to achieving articulation with society, the Council may set up Committees with Associations, Professional Business Associations and Scientific and Cultural Organisations.

Composition of CNAVES

The National Evaluation Council is composed of:

(a) The Chairman, appointed by the Government from among highly prestigious personalities by way of a resolution of the Council of Ministers;

(b) Personalities of recognised competence appointed by the Government by way of a resolution of the Council of Ministers;

(c) The chairmen of the evaluation councils set up in the representative entities;

(d) A representative appointed by the Portuguese Rector's Conference;

(e) A representative appointed by the Conselho Coordenador dos Institutos Superiores Politécnicos (Coordination Council of the Polytechnic Institutes);

(f) A representative appointed by the Portuguese Private Higher Education Association;

(g) Students representing the higher education students' associations for each type referred to in subparagraphs (d) to (f) above.

The Council operates in plenary session and through committees: the standing committee of the Chairmen of the Evaluation Councils, the higher university education committee and the polytechnic education committee.

In order to guarantee the credibility of the process, the Council must ensure:

(a) That the external evaluation committees are the same in all cases relating to the same area of knowledge or scientific expertise in each of the higher education subsystems;
(b) High requirement standards, with duly selected indicators whenever possible;
(c) Adopting the same guidelines for each subsystem thus allowing for uniform indicator approval criteria to be applied to all the institutions giving the same type of education.

In addition to the information it must be regularly provided by the Instituto Nacional de Estatística (National Statistics Institute), the Council may request any public or private entities to supply data it considers essential to fully perform its duties. The evaluated institutions and evaluation councils shall provide all the information the Council may request.

The law sets forth the principles to be observed by the Representative Entities responsible for external evaluation, which are recognised as such by a protocol to be entered into with the Minister for Science, Technology and Higher Education. The following entities are currently recognised:

– Fundação das Universidades Portuguesas – FUP (Portuguese Universities Foundation) – recognised to be the entity representing the state Universities and Universidade Católica Portuguesa (Portuguese Catholic University) by Protocol of 19 June 1995;
– Associação dos Institutos Superiores Politécnicos – ADISPOR (Association of Polytechnic Institutes) – recognised to be the entity representing the public polytechnic institutes by Protocol of 16 de December 1998;
– Associação Portuguesa do Ensino Superior Privado – APESP (Portuguese Private Higher Education Association) – recognised to be the entity representing private higher education institutions by Protocol of 3 March 1999.

Evaluation Councils are set up in each representative entity to act as coordination structures for the evaluation and monitoring activities carried on by the institutions that form part thereof.

The External Evaluation Committees, the composition of which is proposed by the Evaluation Councils to the National Higher Education Evaluation Council, are the same for each higher education subsystem and the corresponding areas. After approval, the composition of the

238 *Avaliação – Contributos para a Reformulação*

External Evaluation Committees is sent to the Minister for Science, Technology and Higher Education for sanctioning.

Consequences[1] of evaluation and non-integration in the system

According to the law, evaluation results are taken into account by the relevant Ministry for the purpose of applying measures adjusted to the nature of the evaluated activities, notably:

- Increase of public funding;
- Incentive to creating new study programmes or developing existing programmes;
- Increased support to scientific research activities;
- Drawing up of development plans, with a view to correcting the malfunctions and disparities detected in the course of the evaluation process.

Also to be noted is that where the results of the ongoing evaluation of higher education institutions are negative, the following measures can also be taken:

- Reduction or suspension of public funding where institutions fail to observe recommendations;
- Suspension of programme registration;
- Cancellation of programme registration;
- Cancellation of degree recognition;
- Closing down of the institutions.

With regard to the effects of non-integration in the evaluation system, the law sets forth that institutions not exercising their right to participate in the system shall be subject to:

- No State funding, this not applying to funds falling within the scope of school welfare;
- Refusal of authorisation to enrol new students in the available study programme;
- Suspension of programme registration or cancellation of authorisation to deliver programmes, depending on whether public universities and polytechnic institutes, or the official recognition of private and cooperative teaching establishments are involved.

---

[1] The consequences have not been regulated by the Government.

Decree-Law 205/98 restated the principle of institutions being required to consider evaluation results as a directive to improve the quality of their performance and to publish the internal measures they may adopt. In light of results, institutions shall prepare plans that can be converted into programme-contracts to be entered into with the State, in order to attain concrete objectives within an established time frame, notably:

- Support to qualification programmes for the teaching staff;
- Support to teaching methods and equipment;
- Support to professional guidance projects;
- Support to projects for the interaction of research with education.

Recommendations

In addition to the recommendations contained in the External Evaluation Reports and in the Overall Summary Reports, the main recommendations to the Government are set out in the reports published by the CNAVES.

José Fontes
Secretary-General of CNAVES

ÍNDICE

Nota prévia 5

Prefácio
A autonomia do sistema português 9

Ensino Superior Universitário – FUP/APESP – Relatório Final 19
Dez anos de avaliação 21

Ensino Superior Politécnico – ADISPOR/APESP – Relatório Preliminar 175
Reflexão sobre a avaliação 177

Ensino Superior Militar – Primeira Reflexão 191
Escola Naval – Avaliação do ensino 193
Academia Militar – Relatório final do Ciclo de Avaliação (2000/2004) 199
Academia da Força Aérea – Os Cursos de Ciências Militares Aeronáuticas 225

Abstract 229
Historical note on the evaluation of higher education 231